CB134487

Anjos da Caridade

Anjos da Caridade

3-6-08-3.000-21.000

Direção editorial: **Flávio Machado**
Assistente editorial: **Dirce Yukie Yamamoto**
Chefe de arte: **Marcio da Silva Barreto**
Capa: **Flávio Machado**
Diagramação: **Ricardo Brito**
Revisão: **Luiz Chamadoira**
Auxiliar de revisão: **Adriana Maria Cláudio**
Fotolito da capa: **Paty Digital**
Impressão: **SERMOGRAF – Artes Gráficas e Editora Ltda.**

Dados Internacionais de Catalogação na Publicação (CIP)
(Câmara Brasileira do Livro, SP, Brasil)

Irmão Virgílio (Espírito).
Anjos da caridade / pelo Espírito Irmão Virgílio ; [psicografado por] Antonio Demarchi. – São Paulo : Petit, 2007.

ISBN 978-85-7253-155-9

1. Espiritismo 2. Psicografia 3. Romance espírita I. Demarchi, Antonio II. Título.

07-5130 CDD: 133.9

Índices para catálogo sistemático:
1. Romance espírita : Espiritismo 133.9

Impresso no Brasil, no inverno de 2008.

Prezado leitor(a),

Caso encontre neste livro alguma parte que acredita que vai interessar ou mesmo ajudar outras pessoas e decida distribuí-la por meio da internet ou outro meio, nunca deixe de mencionar a fonte, pois assim estará preservando os direitos do autor e conseqüentemente contribuindo para uma ótima divulgação do livro.

ANJOS DA CARIDADE

Romance do Espírito

Irmão Virgílio

Psicografado pelo médium

Antonio Demarchi

petit editora

Rua Atuaí, 383/389 – Vila Esperança/Penha
CEP 03646-000 – São Paulo – SP
Fone: (0xx11) 2684-6000

Endereço para correspondência:
Caixa Postal 67545 – Ag. Almeida Lima
03102-970 – São Paulo – SP

www.petit.com.br | petit@petit.com.br

Sumário

O anjo da caridade

Clarinda estava exausta de tanto caminhar. Seus pés doíam horrivelmente, sua cabeça latejava, fazendo-a sentir tonturas a ponto de desmaiar, mas não podia desanimar. Precisava seguir em frente, mas para onde? Essa era a pergunta, sem resposta, que se repetia insistentemente no silêncio de sua consciência. Estava desesperada e com um filho de apenas três anos no braço, desnutrido, esquálido em virtude da alimentação deficiente, mas que, depois de tanto caminhar, parecia pesado em demasia a ponto de ela não mais suportar seu peso em apenas um dos braços, enquanto, com a outra mão, amparava o segundo filho, Julinho, de sete anos, que reclamava do cansaço.

– Mamãe, não podemos parar só um pouquinho? Não estou mais agüentando, estou muito cansado e meus pés estão doendo – choramingava o garoto.

Aquelas tristes figuras perambulando pelas ruas próximas ao centro de São Paulo era uma cena que comoveria o coração mais endurecido, mas os transeuntes passavam rápidos e insensíveis, em sua maioria, diante de tanta miséria que o cotidiano da grande metrópole paulistana acaba por transformar em uma cena comum e banal, desconhecendo e ignorando tantos infortúnios ocultos por trás de cada rosto macilento e triste dos miseráveis que perambulam sem destino pelas ruas abandonadas e pelas vielas esquecidas.

Pés descalços, roupas esfarrapadas, corpos esqueléticos davam uma idéia da situação de penúria que vivia aquela infeliz criatura com seus dois filhinhos tão pequeninos e já sofrendo os revezes do mundo. Clarinda ainda era muito jovem, estava possivelmente na casa dos vinte e cinco anos de idade, mas seu rosto denunciava um envelhecimento prematuro decorrente dos maus-tratos sofridos em sua existência. O rosto encovado transparecia os ossos angulares da face e seus olhos azuis traduziam uma tristeza profunda que revelavam a beleza que se escondia por trás dos sofrimentos impostos pela vida.

Desorientada, a infeliz mãe chorava em silêncio ao sentir-se impotente para proteger seus filhinhos queridos, único tesouro que ainda lhe restava, entregando-se a completo desespero por não saber o que fazer para defendê-los da situação de infortúnio que assolava sua vida. "Até quando, meu Deus?", perguntava-se em busca de uma solução, enquanto apenas os gemidos do pequenino André, em seu colo, respondiam a suas indagações de mãe desesperada. Para piorar a situação, Julinho, o filho maior, começou a chorar:

– Mamãe, por favor, vamos parar um pouquinho, pois eu não agüento mais; de verdade, juro que não agüento. Meus pés estão doendo muito e estou com fome. Por favor, mamãe, vamos parar um pouquinho.

O apelo do filho era muito comovente e a pobre mãe não teve alternativa. Sentaram-se embaixo de um grande viaduto malcheiroso perto da região central de São Paulo, enquanto a mãe examinava o pé do filho que estava em carne viva em virtude da formação de algumas bolhas de água que haviam estourado pelo esforço da caminhada. Enquanto segurava André com um dos braços, Clarinda aconchegou Julinho com o outro braço de encontro ao seu corpo num abraço amoroso, como que querendo compensar a dor e o sofrimento do filho com seu carinho e amor maternal. Em seguida, pegou o pezinho machucado e o assoprou, procurando sorrir para o filho:

– Pronto, agora que mamãe assoprou, seu pezinho não vai doer mais, meu filho. Você vai ver que seu pé vai sarar logo.

O garoto sorriu mas seu rosto estava molhado pelas lágrimas que haviam descido de seus olhos. E como um filho sempre se sente feliz com o carinho materno, reanimou-se ao observar os profundos olhos azuis de sua mãe e fez um comentário muito espontâneo:

– É verdade, meu pezinho já não dói tanto. Mamãe, deixa eu dizer uma coisa? Sabia que a senhora tem os olhos mais lindos do mundo? Acho que seus olhos têm tanto brilho quanto as estrelas azuis do céu que a senhora fala que via quando morava lá no interior.

Clarinda não resistiu e chorou emocionada diante das inocentes palavras de seu filho querido. Pelos filhos seria capaz de tudo, pois eles eram o tesouro mais precioso que Deus havia lhe confiado e era por eles que ela ainda continuava sua caminhada em busca de uma saída para sua vida, alguma solução, apesar de que, no fundo, não tinha mais esperanças. À noite dormiam nos becos junto de alguns mendigos que, em sua miséria, ainda repartiam um pedaço de pão ou algum cobertor rasgado, mas que protegia do frio da madrugada e, numa das noites de maior frio, André começou a tossir, ficando febril no dia seguinte.

Clarinda estava cansada da mendicância, pois, embora algumas mãos piedosas dessem algum recurso financeiro ou alimentos para seus filhos, ouvia rotineiramente desaforos por pedir esmolas, e ela era ainda muito jovem para ouvir tais impropérios. Ocorre que muitas vezes vemos apenas a aparência das pessoas e desconhecemos os infortúnios ocultos que estão no coração dos desafortunados. Depois de sofrer algumas agressões, Clarinda tomou uma decisão: iria com os filhos a pé até a rodoviária, imploraria pela misericórdia das almas piedosas para conseguir dinheiro, compraria então uma passagem e retornaria à sua cidade natal, onde procuraria trabalho na lavoura de cana, que era duro e rigoroso, mas pelo menos haveria de encontrar condições para ganhar recursos que fossem suficientes para, no mínimo, conseguir o sustento de seus filhinhos com dignidade.

Entretanto, as necessidades imediatas de seus filhos não permitiam muitos devaneios de forma que voltou à realidade com o choro de André que gemia ardendo em febre. A pobre mãe tirou do alforje uma pequena garrafa de água fresca, umedeceu um pano limpo e colocou sobre a fronte do filho. Julinho também começou a choramingar, pois seu estômago reclamava alimento. O garoto estava com fome.

Clarinda remexeu a bolsa encontrando apenas algumas migalhas de pão que ela havia poupado para deixar aos filhos, ficando sem comer durante o dia todo. Ela também não suportava mais a fome.

Dizem que a fome é mais dolorosa que o fio de uma espada a nos atravessar o estômago de forma impiedosa. A pobre mãe, em total desespero de causa, deu o que tinha ao filho, mas sabia que aquilo não seria o suficiente, não era nada. André precisava de remédios e também de alimentos, pois corria sério risco por estar extremamente enfraquecido em virtude da subnutrição. Quando descia a rua, observou a alguns quarteirões de distância uma mercearia com várias frutas expostas. Poderia pedir algo para se alimentar; com certeza encontraria corações piedosos que não haveriam de negar, pois estava pedindo por seus filhos, não por ela. Sim, pensou consigo mesma, pegaria os filhos e caminharia até lá e certamente ninguém haveria de se incomodar com algumas bananas, laranjas ou mesmo maçãs. Pensando assim, chamou o filho tentando animá-lo:

– Filhinho, mamãe vai pedir-lhe ainda mais um pouco de paciência, pois temos de ir até aquela mercearia pedir alguma coisa para que possamos comer. Com certeza encontraremos criaturas piedosas que não nos negarão alimento, nem um copo de leite.

– Ai, mamãe, eu não agüento mais caminhar, queria descansar mais um pouquinho. Meus pés vão doer novamente se eu andar – reclamou o garoto com lágrimas nos olhos.

A pobre mãe observou o rosto sofrido do filho, as lágrimas que desciam de seu rosto, ao mesmo tempo que observava o pequeno André deitado no chão sobre um acolchoado improvisado e chorou. Clarinda sentia-se a última das criaturas deste mundo, vendo seus dois filhos, tesouros de seu coração, tão pequeninos e já sofrendo os rigores da vida. Julinho interrompeu seu choro ao observar que Clarinda chorava e, em seu instinto infantil, esqueceu a própria dor para acalmar aquela que para ele representava o mundo, o universo, o seu tudo. Sua mãezinha querida era aquela criatura abençoada que nas noites de frio o aquecia com um abraço carinhoso; aquela que, quando chorava, trazia-lhe consolo; aquela que, quando tinha fome, trazia alimento. Ela era seu referencial, seu escudo e, ao vê-la chorar, abraçou-a com carinho, envolvendo seu pescoço com seus braços frágeis e magros, querendo ser forte para protegê-la, enxugar suas lágrimas para consolá-la e, em sua compreensão infantil, tentou acalmá-la:

– Mamãe, por favor, não chore por minha causa. Eu estou bem, viu? – dizia mostrando o pezinho em carne viva. – Veja, não dói muito – dizia isso, tocando com o dedo a parte ferida. – Está vendo? Já estou quase bom.

A infeliz comoveu-se com a espontaneidade de seu filho querido e, num gesto instintivo, abraçou-o e o beijou com ternura, como se aquela fosse a última vez. Sentiu um aperto no coração ao pegar o pequenino André que abriu os olhos e reclamou de dores num gemido débil, quase imperceptível. Depositou um beijo no rosto febril do pequenino enquanto pedia silenciosamente:

– Meu Deus! Meu Senhor! Por misericórdia me dê forças para que eu não venha fraquejar – pensava em seu íntimo de forma contristada, numa prece angustiada –, não permita que nenhum mal aconteça com meus filhos. Não me importa, Senhor, que eu sofra todas as dores do mundo, as piores humilhações, que eu passe fome e miséria, mas poupe meus filhos, Senhor!

Concluída aquela oração silenciosa, olhou para os filhos mais uma vez e tomou uma decisão:

– Julinho, você já é crescido, quase um mocinho, então mamãe vai até aquela mercearia pedir comida para nós e ver se consegue remédio para seu irmãozinho. Você, fique esperando que volto o mais rápido possível e tome conta de André, que é seu irmãozinho e está doente, está bem? Não saiam daqui de jeito nenhum! Espere que a mamãe irá voltar logo, logo.

O garoto sentiu-se orgulhoso, prestigiado com a responsabilidade outorgada pela mãe e, num gesto de proteção, aconchegou-se ao lado do irmão como querendo demonstrar que havia entendido as recomendações maternas.

– Pode deixar, mamãe, que eu tomo conta do Andrezinho direitinho, até você voltar. Fique tranqüila que não sairemos daqui, ficaremos esperando a senhora.

A pobre mãe ainda olhou para o filho com o coração apertado. Deu um beijo de amor na fronte de cada um e, em seguida, levantou-se atravessando a rua. Ainda, do outro lado, acenou para o filho soprando-lhe outro beijo com a palma da mão, enquanto o menino retribuía abanando sua mãozinha minúscula, observando a figura de sua querida mãezinha, que desapareceu na multidão.

O tempo foi passando de forma lenta e constante. A noite caiu e, com ela, uma fina garoa soprada por um vento gélido fazia com que as ruas fossem aos poucos ficando desertas com o avançar das horas.

Julinho, desesperado e abraçado ao irmão, chorava baixinho olhando para o lado onde havia visto a figura de sua mãe pela última vez ainda na esperança de vê-la ressurgir das sombras e abraçá-lo novamente como sempre fazia. Mas tudo era em vão e só frustração.

Quem passasse nas imediações daquele viaduto sentia, no mínimo, algo estranho ao observar duas crianças tão pequeninas abandonadas, abraçadas uma à outra, chorando. Julinho não esquecia as recomendações de sua mãe para não sair daquele lugar, cuidar de seu irmão e esperar que ela voltasse. "Não, não posso sair daqui", pensava em seu raciocínio infantil. Sua mãe não os deixaria abandonados, a qualquer momento ela voltaria e ele era responsável por André. Tinha de esperar, mas as coisas estavam se complicando ainda mais, pois André começou a gemer com mais intensidade e a fome estava insuportável. Embaixo daquele lugar mal-iluminado, o medo estava se tornando incontrolável de forma que Julinho sentia-se desorientado e em completo desespero.

Passava da meia-noite, o que para o garoto representava uma eternidade, de forma que não mais podia suportar. André gemia de dor e Julinho chorava fazendo coro com o irmão, quando uma senhora de aspecto humilde e bastante idosa, com os cabelos embranquecidos e em desalinho, que apanhava papelão pelas ruas com sua carroça, ao ver aquele triste quadro sentiu piedade e curiosidade ao mesmo tempo. Aproximou-se para se inteirar do que acontecia. A aparência daquela mulher, num primeiro momento, assustou ainda mais os garotos de forma que, ao ver aquela criatura se aproximando, começaram a gritar desesperados.

– Pelo amor de Deus, não nos faça mal – disse então Julinho. – Mamãe vai voltar a qualquer instante, mas meu irmãozinho está doente e estou com fome. Por favor, não nos faça mal.

A criatura sorriu desconcertada, exibindo as falhas dentárias. Entretanto, sua voz era mansa e suave:

– Tenha calma, meu filho, não vou te fazer nenhum mal. Eu quero apenas ajudar. O que aconteceu? Vocês estão com fome?

A aparência era de uma maltrapilha mas, diante da voz calma e da mansuetude daquela criatura, o garoto pareceu ficar mais calmo.

– *Tá* bom, tia, meu nome é Julinho e este aqui é meu irmãozinho André. Mamãe saiu faz tempo para buscar comida para nós e remédio para o Andrezinho, que está doente, e não voltou mais. Estamos com fome, com frio e com medo.

– Meu nome é Maria das Dores e todos me conhecem como das Dores. Vocês também poderão me chamar de tia das Dores, está bem?

Dizendo isso, das Dores fez um carinho afagando os cabelos de Julinho para conquistar sua confiança e, em seguida, colocou as mãos sobre a fronte de André e ficou preocupada:

– Meu Deus, seu irmãozinho realmente está mal. Por sorte eu sempre ando com aspirinas nos bolsos para minha dor de cabeça. Acho que agora o melhor a fazer é dar um comprimido para seu irmãozinho.

Julinho sentiu mais confiança naquela mulher que, apesar de seu aspecto, parecia ser uma boa pessoa. Das Dores quebrou o comprimido ao meio e o colocou em uma caneca de alumínio toda amassada, adicionando um pouco de água e açúcar que trazia consigo e deu de beber a André. A velhice tem suas vantagens, pois traz a sabedoria necessária para a vida pela vivência nas experiências do dia-a-dia, na melhor escola do mundo: a escola da vida. A água adocicada foi avidamente sorvida pela criança, juntamente com o medicamento.

Das Dores sabia que aquele comprimido era apenas um paliativo e, enquanto oferecia um pedaço de pão com mortadela, parte de sua refeição, para saciar a fome de Julinho, pensava o que fazer naquela situação. Tinha de pensar rápido, pois o garoto teria alguma melhora com o comprimido, mas seu estado era mais grave que parecia. O tempo urgia. Como convencer Julinho a sair daquele lugar se ele ainda alimentava a esperança do retorno da sua mãezinha?

Após saciar sua fome e beber um pouco de água, Julinho finalmente adormeceu. Com o efeito do medicamento, André também se aquietou e dormiu. Na busca desesperada por uma solução, a velha apanhadora de papel finalmente teve uma idéia que brilhou em sua mente e a fez sorrir: sua vizinha de barraco era auxiliar de enfermagem e trabalhava em um hospital público e talvez pudesse ajudá-la, mas para tanto, teria de levar as crianças para a favela. Era uma grande responsabilidade que assumia, apanhando duas crianças abandonadas na rua, mas essa era a única alternativa. O que poderia temer ela? Não poderia simplesmente virar as costas e deixar aquelas crianças indefesas abandonadas na rua da amargura. Poderia ser acusada de rapto? Deus sabia o verdadeiro sentido de sua atitude e o que ia em sua consciência, de forma que tomou firme sua decisão. Com cuidado ajeitou os papelões em sua carroça e, com alguns pedaços de pano, improvisou uma pequena cama colocando as duas crianças sobre a carroça, partindo com seu lento veículo pelas ruas de São Paulo.

Qualquer transeunte que observasse mais atentamente poderia questionar: o que aquela senhora de aparência lastimável, com as roupas em farrapos e os cabelos em desalinho, fazia na fria madrugada paulistana com duas crianças dormindo sobre um amontoado de papelão? Possivelmente muitas pessoas poderiam questionar, mas ninguém realmente estava preocupado com aquela cena, de forma que os poucos carros que circulavam pelas ruas passavam céleres, enquanto das Dores, uma criatura marginalizada pela vida, esquecida dos poderosos do mundo, poderia ser uma ninguém, mas no fundo era um verdadeiro anjo da caridade, pois trazia em seu coração sentimentos de solidariedade e amor, apesar dos infortúnios de sua vida.

Era madrugada quando das Dores finalmente chegou a seu destino. O vento frio açoitava seu rosto macilento e sofrido, enquanto os primeiros raios de luz tingiam o horizonte com o fulgor do Sol, trazendo as cores da vida para mais um dia na existência humana.

A carroça que rotineiramente retornava carregada de papelão e materiais recicláveis, naquele dia que se iniciava trazia uma carga bem diferente, muito mais preciosa. Aquela criatura sofrida e miserável poderia ser para muitos apressados apenas um ser maltrapilho, dos muitos que encontramos no dia-a-dia, caídos pelo chão, embaixo de pontes e viadutos, vestidos de miséria e andrajos. É das Dores que, pela sua aparência, correspondia plenamente a esta descrição, mas trazia dentro de seu peito uma centelha divina viva, pulsante, com um brilho luminoso que a identificava como um anjo. Um verdadeiro anjo de amor e abnegação, em uma jornada de renúncia e caridade.

A centelha divina

Encontrava-me na ante-sala da sala de "Estudos profundos do comportamento humano", localizada no edifício Ensinamento para todos os Planos, ao lado da grande biblioteca Eurípedes Barsanulfo, aguardando a presença do instrutor Pétrus que, naquele momento, concluía importante preleção no auditório Maria de Nazaré.

Em minha última missão de aprendizado com o instrutor Aurélio, o querido amigo havia me informado que, na próxima missão que me seria confiada, estaria participando de um aprendizado de valor inestimável, pois teria a oportunidade de estudar a complexidade do comportamento das criaturas humanas. Eu sempre me questionara, inclusive naquele momento recordava antigas indagações: por que encontramos pessoas tão diferentes uma das outras? Por que algumas atingiram condições de sentimentos elevados, enquanto outras ainda conservam o coração endurecido? Por que algumas manifestam sentimento de razão e consciência tão sublimados, enquanto outras nem sequer despertaram para sentimentos de remorso trazendo a consciência entorpecida? Por que existem criaturas capazes de atos de caridade enquanto outras conservam a frieza de alma diante do sofrimento de seus semelhantes? Por que, nos dias em que vivemos, existem criaturas santificadas ao lado de verdadeiros monstros de maldade e criminosos sem escrúpulos nem sentimentos? Por que existem criaturas que se doam, durante toda uma existência em favor do próximo mais necessitado por amor ao semelhante, enquanto outras passam ao largo sem tomar absolutamente conhecimento das misérias humanas que campeiam por todos os cantos, ignorando completamente os deserdados? Por que existem criaturas desveladas, capazes de renúncias admiráveis em favor do próximo, enquanto outras apenas se preocupam consigo, no profundo sentimento do egoísmo exacerbado? Por que para despertar em si os valores mais sublimados e evoluir, a maioria dos seres humanos ainda necessita da visita da dor e do sofrimento?

Encontrava-me absorto em uma infinidade de questionamentos, quando uma voz suave e amiga me trouxe de volta à realidade.

– Irmão Virgílio? Seja bem-vindo à nossa sala de aula.

Era o instrutor Pétrus que me chamava. Sorriso largo, olhar sereno e fisionomia que irradiava simpatia, bondade e simplicidade. Assim era o instrutor Pétrus que me abraçava dando boas-vindas enquanto eu agradecia por sua disposição nas orientações que me prestava em meu aprendizado. O querido amigo sorriu carinhosamente enquanto me respondia:

– Ora, Virgílio, confesso que estas incursões em nossos estudos sempre me são agradáveis e me trazem lições valiosas. Digo-lhe com toda

a sinceridade que estarei transmitindo-lhe ensinamentos importantes no campo do comportamento humano, mas tenho plena convicção de que meu aprendizado será tão profícuo quanto o seu. Aprenderemos juntos, pois nenhum homem é tão sábio que não possa aprender, nem tão humilde que não possa ensinar, principalmente quando se trata de penetrar no recôndito espiritual de cada um, no emaranhado mais profundo da consciência humana, laboratório admirável onde o espírito guarda sua personalidade, que nada mais é que o somatório do aprendizado das experiências vividas por intermédio dos milênios incontáveis, em decorrência das sucessivas experiências reencarnacionistas.

Aquiesci com um movimento de cabeça, enquanto o instrutor prosseguiu:

– *Todos nós, sem exceção, somos espíritos imortais, criados num ato de amor sublime do Pai Eterno que nos deu o dom de existir por meio do sopro da vida. Somos uma centelha divina originada do próprio Criador, destinados à perfeição e à glória do Altíssimo, que será inevitavelmente o destino de todas as criaturas. Entretanto, como espíritos, fomos criados simples e ignorantes, e, como viajores eternos em nossa trajetória em direção à angelitude espiritual, somos os próprios artífices na lapidação da centelha divina que traz, em sua natureza, os atributos da divindade. Uma vez Jesus instruiu: "Vós sois deuses e fareis o que faço e ainda mais" e em outra ocasião nos recomendou: "Portanto, sejam perfeitos como é perfeito o Pai de vocês que está no céu". O Divino Mestre apenas queria nos dizer que à medida que a criatura evolui espiritualmente, vai aos poucos despertando as potencialidades do espírito, que jazem adormecidas em seu íntimo, pois a natureza humana é divina.*

A explanação do instrutor era palpitante e por isso procurei ficar atento para que não se perdesse nenhum detalhe, enquanto nos dirigíamos à sua sala. Após nos acomodarmos, o instrutor prosseguiu:

– *Na verdade, Virgílio, é ainda muito complexo para o entendimento de todos nós quando alguém questiona: em que momento exatamente o espírito é criado? Podemos dizer que Deus cria ininterruptamente, mas ainda estamos muito distante em termos de entendimento para qualquer afirmativa, pois tudo é muito complexo e se perde na variação infinitamente pequena do princípio inteligente – que evolui gradualmente no tempo e que se perde na noite dos milênios incontáveis – e na evolução ininterrupta impossível de se medir e compreender aos olhos humanos limitados pela visão extremamente estreita de existências que, para nós, passam rápido demais. Para se tornar mais simples ao entendimento, apenas vamos repetir que os primeiros lampejos da vida principiam no reino mineral, como primeiro estágio da natureza evolutiva, para, como segunda etapa, estagiar no reino vegetal, despertar no animal e viver a plenitude na condição humana. Cada estágio se perde na infinidade dos milênios e milênios incontáveis de maneira que é extremamente difícil e complicado ter a pretensão de precisar algum momento específico em que ocorre a eclosão da consciência do princípio inteligente que palpita nos diversos reinos da criação, pois tudo obedece a ditames de forças imponderáveis e infinitas que demandam tempo que se estende muito além de nossa estreita compreensão. Poderíamos dizer que irmãos abnegados já se dedicaram em pesquisas incansáveis que trouxeram esclarecimentos de extraordinário valor no campo científico e espiritual, demonstrando com clareza a manifestação dos primeiros lampejos da vida de forma rudimentar, desde os cristais, no reino mineral. No estágio seguinte, surgem as mônadas e as células primitivas, que por meio da evolução – lenta, mas ininterrupta – prosseguem até plasmar a vida se manifestando no reino vegetal de forma mais efetiva. Basta observar que a semente traz em sua estrutura genética o instinto da sobrevivência e da preservação. É interessante observar, numa semente, a existência de um comportamento instintivo de sobrevivência, quando colocada sobre um monte de pedras. Basta que chova e ocorra uma pequena umidade para que germine e, não encontrando ambiente adequado, estenda suas raízes à procura do solo num esforço instintivo da autopreservação. Podemos observar também que a pequena planta que nasce sob a sombra do arvoredo fica privada da luz solar, tão necessária no processo da fotossíntese para sua sobrevivência. Nessas condições, a planta se esgueira de forma instintiva por entre o emaranhado do arvoredo buscando uma réstia de luz necessária à sua sobrevivência. Algumas plantas já trazem órgãos masculinos e femininos bem desenvolvidos por meio dos estames e pistilos. O processo de reprodução das plantas mostra-nos que o princípio inteligente ainda dormita mas já traz latente o instinto de preservação da espécie em seu código genético, criando artifícios de forma a induzir seus colaboradores, insetos, abelhas, a cooperar de forma efetiva no processo reprodutivo. É o milagre da vida, pois a simples e pequena bolota traz adormecido, em seu interior, o código genético que a transformará na árvore frondosa de amanhã. Assim, o princípio inteligente prossegue instintivamente, sem pressa, sofrendo as alterações gradativas no arcabouço da mãe natureza, cumprindo seu destino no processo da evolução inexorável da vida. Quanto tempo a forja ardente da mãe natureza trabalhou na evolução milimétrica e gradativa do princípio inteligente até que atingisse o reino animal? Impossível novamente ter a pretensão de falar em tempo, mas a manifestação do princípio inteligente no reino animal já se manifesta de forma mais aprimorada. Embora haja o predomínio do instinto, notam-se já sinais de raciocínio e, em espécies mais avançadas, a presença de sentimentos como ódio e amor. É interessante observarmos, no reino animal, espécies que já atingiram estágios mais avançados dentro da evolução natural como o gato, o cachorro, o cavalo e o golfinho que notadamente encontram-se na dianteira evolutiva. Quando observamos os filhotes de cães, percebemos que os pequeninos já demonstram diferença de comportamento entre os irmãos da mesma ninhada: um é mais carinhoso e amoroso, outro mais indisciplinado, outro mais obediente, outro mais esperto. Percebemos claramente certas situações em que o animal manifesta até sentimentos de ódio por alguma pessoa, motivado por algum acontecimento que o animal registrou em sua memória. É espantoso o apego, o carinho e o sentimento de defesa dos entes que o animal ama, sendo capaz de dar sua própria vida na defesa de seus donos. O sentimento de gratidão é facilmente identificável, pois o animal é capaz de amar, perdoar e esquecer os maus-tratos sofridos apenas com um afago em sua cabeça. Ocorrem muitos casos em que a ligação entre o cão e o ser humano é tão forte que o animal registra, em sua aura de percepção instintiva, as angústias de seu próprio dono, se este vive momentos de desequilíbrio e desespero. Então, é interessante analisar mais detalhadamente este fato, pois o animal sofre em silêncio e seu olhar traduz seu estado de sentimento, que capta de seu dono com o qual tem estreita ligação instintiva. Tal é a ligação e a sintonia que existem muitos casos em que o animal adquire doenças como o estresse e irritação, adquirindo em algumas situações, até mesmo câncer. São casos interessantes de manifestação de nossos irmãos menores em sua jornada evolutiva, no sofrimento que experimentam diante da incompreensão humana – que deveria respeitar os irmãos em estágio inferior da evolução porque são indefesos e dependentes. Lembro-me, Virgílio, de uma frase que definia muito bem a personalidade daqueles que maltratam os animais: "Maltratar os animais é indício de mau-caráter". Poderíamos acrescentar que revelam no indivíduo que assim procede, ainda um estágio evolutivo de ignorância e brutalidade. Todavia, mesmo estes nossos irmãos trazem também, em sua essência, a centelha divina destinada à lapidação evolutiva em direção à perfeição. Na vida, no Plano Maior da criação, tudo se movimenta, tudo evolui, de maneira que, se no princípio, o diamante é apenas uma pedra bruta, e escura, sob a ação do sublime artífice refulge o brilho, a beleza e a perfeição. O tempo que transforma a pedra grosseira no diamante refulgente e perfeito, após os dolorosos golpes do buril, é o mesmo que transforma a centelha divina adormecida no mineral, para sofrer as mutações dolorosas pelos duros golpes do burilamento, até revelar sua essência divina e angelical do espírito, quando finalmente chegar a seu destino final.*

O instrutor fez breve pausa enquanto eu procurava anotar seus valiosos apontamentos, sem perder a essência dos ensinamentos que tinha o privilégio de ouvir.

– *Como podemos observar, Virgílio* – prosseguiu Pétrus –, *tudo é muito complexo quando analisamos o ser humano, em sua trajetória no transcurso das eternidades, o princípio inteligente que estagia desde o reino mineral até a plenitude da consciência na condição humana, as palavras são simples demais para exprimir o verdadeiro sentido, a profundidade e a grandeza que esta fantástica viagem representa para o espírito em sua longa caminhada em direção à perfeição, para quando atingir o ápice evolutivo, encontrar e vibrar na sintonia divina do próprio Criador. Poderíamos dizer, em nossa reduzida compreensão, que Deus é eterno, para Ele o tempo também é eterno e, se consideramos que ainda estamos limitados em estágios evolutivos temporais, criamos, diante de nossa consciência, uma idéia de que nos limitamos na medida do tempo, tendo o dia e a noite como referência. Em seu giro em torno do Sol, temos os anos que se sucedem ininterruptamente trazendo-nos os séculos e os milênios incontáveis que se perdem na noite da inconsciência. Todavia, para o Criador, que não se restringe nem à matéria, nem à forma, nem ao tempo, nem ao espaço, então os milhões e milhões de anos são apenas um lapso de tempo no relógio da eternidade. Isso apenas para enfatizar, Virgílio, que a grande jornada do princípio inteligente – desde os primórdios da vida, em sua consciência adormecida, a extraordinária e longa odisséia do espírito, para conquistar sua emancipação e libertação espiritual – demandou milhões de anos sem fim, cuja vida foi gerada nas entranhas dos planetas primitivos em suas transformações, sofrendo as pressões térmicas seculares na grande forja da natureza para germinar, transitar, evoluir, sofrer, sonhar, crescer e finalmente despertar em sua consciência na condição humana.*

Sentia-me como um discípulo privilegiado, ouvindo a explanação do instrutor Pétrus. Tudo era fantástico e admirável imaginar, tendo como comparação apenas uma pálida imagem do imenso e longo percurso vencido pelo princípio inteligente em sua caminhada extraordinária, desde as entranhas da mãe natureza, no mineral aparentemente inerte e sem vida, até atingir o estágio em que nos encontramos. O instrutor acompanhava meus pensamentos e com um sorriso bondoso, prosseguiu:

– Realmente é maravilhoso poder dar asas ao pensamento, pois apenas por meio da imaginação poderemos avaliar a real dimensão e a extensão desta monumental trajetória. Mas aqui chegamos trilhando palmo a palmo esta longa caminhada e poderemos então nos perguntar: se somos uma centelha divina originada do próprio Criador, destinados às glórias da perfeição pela conquista de nosso próprio esforço, quanto ainda teremos de caminhar nesta imensa jornada até atingirmos a perfeição? Poder-se-ia argumentar que tudo parece ainda quase inatingível, nos milênios incontáveis que se estendem a perder de vista num futuro que se nos afigura distante demais – pois ainda não conseguimos nos libertar das pequenas coisas que nos aprisionam espiritualmente, como nosso egoísmo, os instintos negativos ainda extremamente arraigados, as mazelas e os sentimentos pequenos que nos mantêm ligados às emoções temporais do espírito – porque os instintos mais rudes ainda predominam em nossos sentimentos. Para nós, humanos, ainda prisioneiros de nosso estágio evolutivo que nos dá uma visão limitada do todo, a evolução no seio da natureza faz tudo parecer extremamente longo e vagaroso, e o que nos falta palmilhar em direção à plenitude parece-nos longo em demasia, mas voltamos a lembrar: o que são os séculos e os milênios na grande obra da criação do Criador, que é eterno? Para Ele não existe limitação de tempo nem de espaço, nem de matéria. Podemos afirmar que somos

todos, sem exceção, parte integrante desta grandiosa obra, criados pela sublime inspiração do Pai eterno, que nos ofereceu sua própria essência por intermédio da centelha divina que palpita em cada um de nós. Podemos imaginar, quando finalmente conquistarmos a perfeição e retornarmos ao seio amoroso do Criador, a alegria do Pai eterno ao reconhecer cada um de seus filhos na essência da centelha divina que traz, em seu brilho, o código genético de sua paternidade.

Meus pensamentos fervilhavam em questionamentos enquanto eu anotava as elucidações de Pétrus. É verdade – concordava em meu íntimo –, ainda nos encontramos em estágio evolutivo de aprendizado em que a dor se manifesta de forma mais contundente, pois ainda não somos capazes de amar verdadeiramente. Embora tenhamos feito grande progresso em nossa escalada evolutiva para chegarmos aonde chegamos, temos de reconhecer que ainda nos comportamos como verdadeiras crianças espirituais, pois estamos apenas começando a soletrar as primeiras palavras do alfabeto de amor que Jesus nos legou por intermédio do seu *Evangelho* de luz.

O instrutor sorriu benevolente diante de minhas ponderações mentais, continuando suas elucidações:

– Tem razão quando assim pensa, Virgílio, pois o ser humano vive exatamente um momento de extrema singularidade em seu estágio evolutivo. Estamos no final de um ciclo denominado "Expiação e provas" para entrarmos em uma nova era que espiritualmente foi definida como "Regeneração"[1]*. Ora, neste final de ciclo evolutivo da*

1. O *Evangelho Segundo o Espiritismo*, Allan Kardec, Cap. 3, itens 13 a 18, Petit Editora, São Paulo, 1997. (Nota do Editor)

humanidade, estagiam em nosso orbe espíritos em condições evolutivas muito diversificadas, entre os quais estamos incluídos, pois a principal característica do ciclo de "Expiação e Provas", que sucede ao "Primitivismo", é o despertar dos sentimentos do espírito e o antagonismo da luta entre o bem e o mal que habitam no íntimo de cada um de nós, onde se manifesta com maior intensidade o lado negativo de nossos sentidos e a luta titânica que o espírito trava consigo mesmo para se libertar das inferioridades que o induzem na direção do mal. No estágio seguinte, o ciclo de "Regeneração", a luta entre o bem e o mal ainda terá palco de intensa batalha. Entretanto, os espíritos que tiverem alcançado o estágio anterior experimentarão, como resultado do esforço da própria luta, que o bem interior será mais intenso e efetivo, como uma conquista espiritual, junto com a mansuetude, a bondade e a humildade. Por esta razão, Virgílio, observamos nos dias de hoje a diversidade de irmãos nossos, seres como nós o somos ou fomos, ainda exacerbados no egoísmo, muitas vezes insensíveis ao sofrimento dos menos afortunados. Mas é exatamente neste período que podemos identificar aqueles que já realizaram algum progresso alcançando a vanguarda de nosso ciclo evolutivo, enquanto outros ainda estagiam na retaguarda, seja porque caminharam mais lentamente, seja porque se entregaram ao comodismo, ao egocentrismo, mas todos, indistintamente, trazem como essência de espíritos imortais que somos a centelha divina latente. Em alguns, o brilho já se acentuou, porque já se conscientizaram de sua essência divina e despertaram para as potencialidades ilimitadas do espírito, enquanto em outros este mesmo brilho existe, mas apenas não se acendeu porque o espírito ainda não acordou para a realidade de sua própria divindade.

O instrutor silenciou por instantes em pequena pausa natural enquanto eu continuava com minhas anotações, para em seguida prosseguir em sua explanação:

– *A humanidade vive hoje dias difíceis e turbulentos, Virgílio, bem característico de finais de ciclo em que os escolhidos têm de dar testemunhos constantes e perseverar em nome do Cristo para não caírem no desespero e no desalento. Assistimos, no dia-a-dia, cenas de selvageria e brutalidade sem limites de violência gratuita que campeia em todos os cantos. Vemos que os bons costumes foram subvertidos, prega-se uma liberdade perigosa e descompromissada com a moral, a educação foi relegada a segundo plano, pratica-se cada vez mais o sexo de forma irresponsável e desregrada, jovens entregam-se às drogas e à alienação, crescem cada vez mais a violência e a barbárie, praticam-se crimes hediondos em que não se respeita mais o sagrado direito da vida, enquanto as instituições, que deveriam ser a fortificação moral para preservar os direitos, lutam para não naufragarem quando defrontam dentro de seu próprio seio representantes portadores de terríveis deformidades de caráter que legislam em proveito próprio, em detrimento dos tristes, dos oprimidos, dos esquecidos, dos fracos e desvalidos, dos doentes, dos velhinhos sem recursos que padecem na penúria do sofrimento pela falta de remédio, de atendimento médico, por falta de alimentação adequada enquanto os espertalhões inescrupulosos se enriquecem com a miséria dos excluídos e marginalizados da vida. Por favor, Virgílio, queira ressaltar em suas anotações que não é nossa intenção criticar os poderes públicos, nem instituições respeitáveis, mas enfatizar que este palco de acontecimentos é próprio de um período de final de ciclo, que já ocorreu em outras civilizações que após atingirem o apogeu se desagregaram moralmente e entraram em decadência. Apenas que, agora, não são mais em países esparsos que os problemas são localizados, mas na humanidade como um todo. Este final de ciclo em que João, o Evangelista nos alertou – "O injusto, que continue com sua injustiça; o sujo, que continue com suas sujeiras; o justo, pratique ainda a justiça; o santo, continue a se santificar!" – quer dizer, neste período em que vivemos, surgirão oportunidades que irão revelar quem somos nós internamente: se somos santos, teremos de dar testemunho para nos santificar ainda mais; se somos justos, teremos de nos justificar ainda mais e, se temos rapina e podridão em nosso íntimo, então teremos todas as oportunidades possíveis e imagináveis para nos chafurdar na lama da sujeira. Assim, aquele que é "esperto" irá se dar bem, pois não sentirá remorso em se locupletar com bens que não lhe são devidos; aquele que detém o poder não se incomodará em desviar recursos destinados às obras assistenciais, hospitais, creches, albergues, asilos, para sua própria conta bancária, nem sentirá drama de consciência aquele que assalta o tesouro público em seu próprio proveito, enquanto os infelizes gemem na mendicância e na miséria. A verdade é que todos estes acontecimentos nos deixam tristes pois percebemos que, apesar da grande mensagem de amor, da luz que nos liberta pelo conhecimento, passados mais de dois mil anos, o ser humano ainda tateia nas trevas da ignorância e da insensibilidade. Entretanto, cada um colherá exatamente o fruto do que semeou e, na colheita, o joio será separado do trigo, enquanto os lobos serão separados das ovelhas pelo Divino Pastor. O que nos resta dizer é que nós mesmos determinamos onde estaremos, se entre os que desejam justificar-se ou os que desejam se sujar ainda mais, conscientes que não somos ninguém nem temos autoridade para julgar quem quer que seja, pois todas as criaturas, sem exceção, são filhos de Deus, trazendo em sua essência a centelha divina originada do próprio Criador, destinada à glória do Pai Eterno, mas cada uma terá de trilhar seu próprio caminho colhendo o fruto de sua própria semeadura e sofrendo os percalços de seus próprios equívocos em existências vindouras.*

Enquanto anotava suas últimas elucidações, fiquei pensativo e admirado com o que ouvira do querido amigo. Era interessante em pensamento imaginar a grande odisséia do espírito desde as primeiras manifestações do princípio inteligente: uma imensa, lenta, gradativa e longa jornada evolutiva pelos reinos da natureza até atingir a condição humana, exatamente esta a condição evolutiva mais aprimorada, pois foi quando conquistou o livre-arbítrio, passou a fazer o uso da razão, a ter a bênção do raciocínio lógico e o discernimento do que é certo e do que é errado. Tem-se então a impressão de que o homem eclipsou sua inteligência e sua razão para viver dias atribulados como os que estamos tendo nos dias atuais. Parece até que houve um retrocesso moral em vez de evolução – concluí em meus pensamentos.

O instrutor sorriu bondosamente enquanto respondia a meu questionamento mental.

– *Você não deixa de ter certa razão em seu raciocínio. Virgílio, apenas iremos retificar o ponto de vista de quem olha, e o ponto de vista correto é o do Criador, que é eterno. Portanto, para Deus este é apenas um pequeno hiato em nossa imensa jornada, como você mesmo se referiu, e o Pai Amoroso espera pacientemente que cada filho seu cresça, evolua pelo esforço próprio, amando, sofrendo, caindo, levantando-se, caindo novamente, vivendo, morrendo, renascendo de novo. Assim é a lei eterna. O Criador estabeleceu leis perfeitas que não punem ninguém, não condenam quem quer que seja, mas oferecem oportunidades renovadas, tantas quantas necessárias. Entretanto, cada qual vai juntando seu feixe de espinhos resultante de sua própria semeadura invigilante. A verdade é que nos dias atuais apenas os espíritos que têm responsabilidades diretas e compromissos com o momento em que vivemos é que se encontram reencarnados neste palco de dolorosos resgates, para vivenciar, sofrer na carne os acontecimentos e dar testemunhos importantes, exceção feita apenas aos missionários que reencarnaram com tarefas definidas. Dessa forma, vamos encontrar toda sorte de irmãos nossos vivendo seus dramas de violência, de tribulações, de dor, de incompreensão para perseverarem e vencerem com Cristo, ou simplesmente se entregarem às facilidades passageiras e enganosas do reino de César. Nenhuma semente se perderá, mas cada qual sofrerá as conseqüências dos atos praticados na razão direta de suas atitudes. Dessa forma, não podemos entender que houve involução ou retrocesso, mas simplesmente a exteriorização das mazelas preexistentes que o ser humano carrega dentro de si, em seu íntimo, e que ainda não conseguiu depurar. Simplesmente aquele que é sujo sujar-se-á mais ainda, pois não existe meio-termo, nem condição intermediária no processo de seleção do joio e do trigo. Todavia, voltamos a enfatizar: todos os acontecimentos são previstos no grande plano da criação divina, com leis sábias e perfeitas que conduzem o espírito em sua escalada evolutiva, seja pelo amor, seja pela dor, e tudo faz parte de um grande aprendizado para o espírito que iniciou sua jornada simples e ignorante, até iluminar-se por meio de experiências redentoras em que nada se perde; mesmo nas lições mais negativas da vida e nas provas mais dolorosas o espírito imortal extrai os aprendizados mais importantes e se fortalece em sua ascensão espiritual rumo à perfeição, acendendo em si mesmo a luz contida em sua essência divina. Na verdade, Virgílio* – ponderou o instrutor –, *tudo é magnífico, maravilhoso e grandioso na obra do Criador quando observamos o espaço e nos extasiamos com a magnitude do universo sem fim, em que milhões de galáxias, nebulosas e mundos magníficos de luz rodopiam no infinito cósmico, numa sinfonia perfeita e majestosa para que possamos perceber que, em Deus, tudo é belo, tudo é grandioso e nós fazemos parte desta grande obra, como filhos diletos do Criador. Quando meditamos na grandeza de tudo, percebemos como somos ainda pequenos em espírito, em virtudes e nos apequenamos ainda mais quando nos entregamos ao egocentrismo e à falta de amor e solidariedade para com o próximo. Estamos sempre nos queixando de que vivemos em um mundo violento, reclamamos das turbulências, da falta de segurança mas não percebemos que a humanidade é o somatório das criaturas que vivem no mundo, que somos nós mesmos. Esquecemos nossa condição divina e a necessidade de despertar em nosso íntimo as virtudes e as potencialidades do espírito. Ignoramos que cada espírito traz em sua individualidade o dom de ser feliz, de ser capaz, de vencer em si mesmo as tendências negativas e abrir o coração para os sentimentos mais puros e elevados do espírito, que acendem a luz interior para que a centelha divina possa revelar o brilho que ela contém em sua essência, quando o espírito vencer suas inferioridades e revelar-se finalmente como estrela fulgurante que se junta à grande constelação do reino de Deus, no final da grande odisséia, atingindo as alturas da perfeição.*

O instrutor fez breve pausa enquanto eu, como aprendiz atencioso, permaneci em silêncio respeitoso. Notei que o querido amigo encontrava-se emocionado. Depois de breves segundos, continuou sua explanação.

– *Sabe, Virgílio, apesar de todos os problemas, de todas as provações a que o espírito se submete, em sua grande jornada evolutiva, muitas vezes se queixa, se revolta diante dos duros embates da vida, no entanto, se tivesse consciência da própria grandeza espiritual que existe em sua essência, apenas teria motivos para ser feliz e agradecer ao Senhor a cada dia quando o sol se levanta no horizonte, pela bênção de existir, de ser um filho amado do Criador. Se tivesse consciência e procurasse despertar em seu íntimo as potencialidades do espírito, descobriria que todos os problemas e obstáculos são transponíveis e ele seria invencível em sua energia criadora direcionada na sintonia do amor do Pai Eterno. Por esta razão Jesus sabiamente nos orientava: "se vocês tiverem fé do tamanho de uma semente de mostarda, podem dizer a esta montanha: 'vá daqui para lá', e ela irá. E nada será impossível para vocês"*[2]. *Isto vale dizer que se buscássemos a sintonia vibratória da energia criadora, que pulsa ininterruptamente, emanada da fonte da vida, que é o próprio Criador, seríamos felizes, seríamos fortalecidos e invencíveis porque despertaríamos as forças criadoras que nós todos trazemos em nosso íntimo, como espíritos imortais que somos, não haveria obstáculo que não pudéssemos transpor e seríamos vencedores na comunhão com o Pai Eterno. Entretanto, ainda retardamos em demasia nosso passo, ainda nos entregamos à indolência, ainda nos deixamos dominar pelos instintos primitivos, ainda eclipsamos nossas virtudes com pensamentos negativos, ainda nos comprazemos nos sentimentos*

2. Mateus, 17: 20. (Nota do Autor Espiritual)

mesquinhos da alma, ainda nos aprisionamos e nos apequenamos diante da grandeza a que estamos destinados como espíritos eternos. Recordando o grande poeta lusitano que disse: "Tudo vale a pena se a alma não é pequena"[3]*, chegamos à conclusão de que a vida sempre vale a pena se soubermos valorizar cada momento, cada instante, como lições inesquecíveis para o espírito imortal: vivendo com alegria apesar das tristezas, com confiança a despeito das contrariedades, na plenitude apesar dos problemas, lutando sempre com confiança apesar das derrotas, aprendendo sempre apesar da dor, edificando o bem a despeito do mal, semeando a concórdia e a esperança apesar das adversidades, amando e servindo sem esperar recompensa apesar dos espertalhões que se dão bem na vida material, confiando sempre no Cristo Jesus apesar das quedas, pois Ele sempre nos levantará e nos fortalecerá na caminhada e, apesar de todos os problemas, se soubermos, manter a sintonia do bem, no "vigiai e orai" acabaremos por descobrir que na vida realmente tudo vale a pena, pois o "jugo é suave e o fardo é leve"*[4] *quando buscamos a alegria de viver como filhos de Deus.*

O instrutor silenciou por alguns instantes, momento em que aproveitei para meditar profundamente em tudo o que ouvira do querido amigo. O que poderia deduzir de toda explanação, resumindo de forma simplória em meu entendimento, é que o ser humano é grandioso em sua essência e destinado às glórias eternas do Pai, mas a caminhada é lenta e longa, na qual o espírito tem de palmilhar gradativamente, degrau por degrau, passo a passo. Em

3. O mentor refere-se ao poeta Fernando Pessoa. (N.A.E.)
4. Mateus, 11: 30. (N.A.E.)

sua trajetória, alguns caminham e aprendem mais rapidamente e avançam como recompensa do esforço e disciplina, outros se distraem às margens do caminho diante dos enganos da vida e dos prazeres mundanos, retardando o passo voluntariamente. As leis eternas não privilegiam quem quer que seja. Assim, cada qual vai colhendo em sua trajetória os frutos de sua própria semeadura e, na maioria das vezes, são nas lições tormentosas da dor que o espírito aprende as lições mais valiosas e inesquecíveis, porque ainda não conseguiu se libertar nem evoluir pelo amor pois conserva ainda o coração endurecido nos sentimentos mais nobres da convivência fraterna.

O instrutor acompanhava meus pensamentos e sorriu complacente com minha conclusão, pois, apesar do estágio evolutivo em que nos encontramos, do progresso alcançado, das conquistas já realizadas no campo do espírito, das virtudes de que já somos portadores, temos de reconhecer que o grande problema do ser humano, que traz em sua essência os atributos da divindade, é ainda a dureza de coração.

– *Não se trata de julgamento, vamos repetir, apenas um alerta, uma constatação, pois que existem criaturas abnegadas e piedosas, verdadeiros missionários capazes de renúncias admiráveis em favor do amor se entregando à prática do bem, da caridade, estendendo as mãos, levantando os caídos em nome do Cristo. Entretanto, ainda existem muitos de nós que passam ao largo, estagiando no egoísmo dos sentimentos e no endurecimento do coração. Mas o melhor aprendizado, Virgílio, é o da observação nas lições do dia-a-dia, na grande escola da vida, na qual o espírito imortal que guarda em sua intimidade a centelha divina, demonstra, por meio de suas atitudes, em que estágio de aprendizado se encontra. Como sabemos, enquanto alguns já galgaram estágios próximos da universidade do espírito, outros ainda se acotovelam nas carteiras das salas de aula das escolas primárias, pois apenas estão principiando a soletrar o grande "abecedário" do amor.*

O instrutor fez profundo silêncio, para em seguida concluir:

– *Amanhã estaremos em uma visita de auxílio à crosta terrestre para efeito de acompanhamento e amparo à uma criatura sofredora que vive um momento de difícil provação e sofrimento. Com certeza poderemos tirar daquele episódio importante aprendizado na dura lição do drama doloroso pelo qual passa nossa irmã em questão.*

Despedi-me do instrutor Pétrus com o coração agradecido por aquela oportunidade de aprendizado maravilhoso, na expectativa das lições do dia seguinte.

A dureza dos corações

O sol raiava no horizonte e a cidade já despertava para um novo dia com transeuntes apressados quando das Dores finalmente adentrou seu humilde casebre. Os cães ladravam, quando ela se aproximou, mas logo que a reconheceram se aproximaram para lamber suas mãos e receber seus afagos.

Das Dores acomodou sua carroça ao lado de seu casebre e, com cuidado, apanhou Julinho que dormia a sono solto e o deitou em sua cama, que refletia a pobreza em que vivia aquela criatura, mas a limpeza do ambiente demonstrava o cuidado e a preocupação com a higiene do local. Em seguida, retornou à carroça e, preocupada, apanhou André, pois o garoto começara novamente a gemer, com tremores esparsos. Realmente, o caso daquele garoto devia ser algo muito grave. O que fazer? Lembrou-se da vizinha, que também morava na comunidade e que era auxiliar de enfermagem em um hospital público. Se estivesse em casa, poderia dar uma olhada no menino. Saiu rapidamente em busca do socorro e, ainda no caminho, encontrou-se com Janete que retornava do plantão noturno. Das Dores era uma pessoa conhecida nas redondezas e, quando a auxiliar de enfermagem a viu, cumprimentou-a com respeito.

– Bom dia, das Dores! Está tudo bem com você? Parece-me preocupada.

– Bom dia, minha amiga Janete! Preciso de sua ajuda, por favor, é urgente.

– Calma, das Dores! Estou chegando de um plantão cansativo e estressante! Mas me diga, o que aconteceu? O que você aprontou desta vez? Um dia é um mendigo que necessita de ajuda, outro dia é um cachorro atropelado etc. etc. Você só vive se preocupando com os outros, não é mesmo?

– Eu tenho Jesus no coração, Janete, isto já me basta. Recolhi na rua duas crianças que estavam abandonadas. Não tinham ninguém que velasse por elas, precisava fazer alguma coisa. E o pior é que uma delas está com febre alta. Por caridade, você não poderia dar uma examinada?

A auxiliar de enfermagem fez uma cara de contrariada, para em seguida amenizar a situação.

– Meu Deus, das Dores. O que você aprontou agora? Você apanhou crianças de rua? Isto é um problema seriíssimo! É problema de polícia, de juizado de menores, de conselho tutelar. Não sabe que é contra a lei?

Das Dores abaixou a cabeça, sentindo-se repreendida. Em seguida respondeu com humildade e voz ponderada:

– Pode ser contra a lei, dona Janete, mas muitas vezes as leis são frias e insensíveis. Meu coração tem sentimento e meu sentimento me disse que eu não poderia deixar aquelas crianças abandonadas. Se por esta transgressão eu for punida pela lei, será de bom grado porque aqueles que fazem a lei não conhecem o frio da rua nem a dureza dos corações e, com certeza, muitos deles trazem o próprio coração endurecido. Talvez aqueles que fazem as leis devessem passar apenas uma noite no rigor do frio para perceberem a insensibilidade humana, experimentando a aspereza das ruas e o frio dos corações.

Aquela criatura era uma deserdada da sorte, mas parecia ser detentora uma sabedoria surpreendente. Suas palavras eram sábias e inspiradas. Janete sentiu-se desarmada e mesquinha diante da ponderação de uma criatura de tão triste aparência, mas de um coração grandioso no gesto de bondade.

– Ora, das Dores, quem sou eu para criticar o que fez? Na verdade sinto-me até envergonhada pelo que lhe disse, pois em seu lugar acho que não teria a grandeza de atitude que teve. Vamos, antes de ir para casa, deixe-me ver o garoto.

Em poucos minutos chegaram ao casebre no exato momento em que Julinho despertava chorando, chamando pela mãe.

– Mamãe, onde está? Eu quero minha mãe! – chorava desesperado o garoto.

André também despertara e, sem entender o que acontecia, chorava. Julinho abraçou o irmão na condição de protetor delegado por sua mãe, esquecendo momentaneamente seu próprio choro:

– Não chore, Andrezinho, mamãe virá nos buscar logo.

A cena era comovente e Janete sentiu-se tocada, ao mesmo tempo que percebeu a perspicácia que das Dores revelava para amenizar a situação.

– Não chorem, porque sua mãe ficou doente e está no hospital. Ela pediu para a doutora Janete, que é médica, cuidar de vocês, não é, doutora Janete?

Janete entendeu que naquele momento a mentira piedosa era a melhor alternativa para acalmar as crianças e poder examinar o garoto adoentado.

– Sim – concordou –, é verdade. Sua mãe está doente no hospital e me disse que vocês são os filhos mais lindos do mundo, que são muito bonzinhos e obedientes e que é para obedecerem a tia das Dores até ela poder sair do hospital.

Aquela argumentação pareceu satisfazer Julinho, que olhava desconfiado para tudo. De repente o garoto questionou:

– Se é verdade que mamãe está doente no hospital, e ela falou com você, então qual é o nome dela?

Janete não esperava por aquela. O garoto revelava-se muito esperto. A saída veio num improviso.

– Ah! Agora eu quero ver se vocês gostam mesmo de sua mãe. Ela me disse que o nome dela era muito feio e que vocês até iriam esquecer. Quero ver se vocês esqueceram mesmo.

Julinho protestou com veemência:

– Mentira! Mamãe tem o nome mais bonito do mundo! É Clarinda! E ela sabe que nem eu nem Andrezinho iremos esquecer o nome dela!

– Muito bem, vocês estão de parabéns! Sua mamãe irá ficar orgulhosa de vocês! Eu só estava brincando, porque ela me disse exatamente isto: que ela tinha os filhos mais lindos do mundo e que vocês jamais esqueceriam o nome dela.

– É verdade – concordou o garoto já mais calmo –, jamais iremos esquecer nossa mãezinha. Ela é muito boazinha e muito bonita.

– Tudo bem, agora vamos então examinar seu irmãozinho para ver o que ele tem.

Janete havia conquistado a confiança de Julinho que ficou atento quando a auxiliar de enfermagem se aproximou de André para examiná-lo. O menino estava com a aparência abatida, fronte suarenta e febril. O termômetro revelou temperatura elevada e, quando examinou a garganta, percebeu o motivo do problema: a faringe, desde a glote, apresentava-se purulenta destacando-se grandes placas de pus em perigoso estado infeccioso. Não era médica, mas agora tinha de continuar com o teatro da mentira piedosa. Entretanto, sabia pela experiência dos anos, ministrando medicamentos prescritos por médicos em casos semelhantes, qual era o medicamento para combater aquela infecção.

– Das Dores, o caso é grave. Temos de entrar imediatamente com um antibiótico – disse, enquanto escrevia o nome do medicamento em um papel de sua bolsa.

– Ah! Meu Deus! Justamente hoje que estou sem muito dinheiro – comentou das Dores. – Infelizmente acabei não apanhando muito papelão para vender e ainda terei de comprar alimentos.

Janete não teve dúvidas: tirou uma pequena quantia de sua bolsa e a estendeu a das Dores. A bondosa senhora se comoveu e entre lágrimas ponderou:

– Janete, não posso aceitar. Você já fez muito vindo aqui examinar o menino.

– Ora, deixe de bobagem, minha amiga. Conte comigo para o que precisar e, neste momento, você precisa de dinheiro. Vamos, pegue! Estou dando de coração. Por favor, o menino precisa do remédio.

Das Dores, com os olhos esgazeados pelas lágrimas, agradecida, pegou o dinheiro. Naquele momento ela sabia que tinha em sua frente, mais do que uma amiga, uma irmã de fé naquele episódio complexo e doloroso.

***

Passava do meio-dia quando aportamos na grande metrópole paulistana que eu tão bem conhecia, mas que se transformara completamente aos meus olhos. Confesso que me sentia saudoso da cidade que eu aprendera a amar, em uma era de romantismo da década de 50. Agora tudo que meus olhos viam era uma cidade que havia crescido em demasia, de forma desordenada: o trânsito caótico e o burburinho no vaivém ininterrupto de pessoas apressadas e aprisionadas em compromissos inadiáveis e horários impiedosos. Percebia que, muitas pessoas em sua pressa, na ansiedade da corrida contra o tempo, mal se davam conta das coisas ao seu redor.

A cidade que acolhera pessoas de todos os cantos do país e do mundo era um celeiro de bênçãos e oportunidades, trabalho e progresso, mas à margem do progresso, foi aos poucos formando uma nova onda de criaturas marginalizadas, nas grandes favelas que foram aos poucos tomando corpo e espaço. Criaturas simples, humildes, atraídas pelos enganos da grande metrópole, aportaram nas terras de Piratininga em busca de um sonho, de um trabalho dignificante, mas essas oportunidades, que em algum tempo eram possíveis, foram gradativamente rareando até se tornarem extremamente difíceis ou quase impossíveis. Infelizmente o progresso traz em seu bojo condições cruéis que marginalizam criaturas humildes, selecionando apenas os mais preparados.

Nessas condições – em que o trabalho é escasso e as oportunidades mais seletivas –, criam-se situações de desespero para muitos que abandonaram tudo, ou o nada que tinham, e para cá rumaram em busca de uma solução desesperada, mas esbarraram com dificuldades extremas de trabalho, de moradia, de oportunidades escassas, agravadas com o despreparo profissional trazendo, ao longo dos anos, problemas sociais graves a par de uma desagregação de valores que geram miséria de forma assustadora.

O instrutor e eu caminhávamos pela imensa avenida que naquele momento se encontrava apinhada de gente, pois era o horário em que os profissionais, executivos e trabalhadores das grandes empresas nacionais e multinacionais se dirigiam para o almoço em restaurantes simples ou até os mais sofisticados que traduziam requinte dos ambientes elegantes. Nosso roteiro era apropriado, pois era propício para observações interessantes a respeito do cotidiano do paulistano, numa região de riqueza e progresso, na qual se encontravam localizados escritórios de importantes empresas que representavam a grande mola propulsora da economia do país.

O instrutor, que acompanhava meu raciocínio, complementou:

– *É bom que sempre se repita e que possamos enfatizar, Virgílio, que não somos contra a riqueza material. A riqueza bem aplicada gera novas riquezas, que geram trabalho, oportunidades, bem-estar ao povo, paz e harmonia. É bom que se enfatize que, perante as leis divinas, a riqueza é imprescindível para mover o progresso, trazer bem-estar à coletividade, criar condições de conforto à humanidade, propiciar pesquisas que permitam novas descobertas, medicamentos para amenizar a dor e curas de doenças, erguer escolas que educam, hospitais que socorrem, abrigos que acolhem e amparam. A riqueza, quando bem aplicada, gera impostos que, bem aplicados, revertem em benefícios à população, criando um círculo virtuoso em que o cidadão tem oportunidades, trabalha, consome bens, paga impostos, as empresas aumentam a produção, pagam mais impostos, geram mais empregos, e assim por diante. Alguém poderá dizer: tudo isto é bonito na filosofia e na teoria, pois na prática tudo se desvirtua na mãos de governantes e políticos inescrupulosos. Infelizmente, somos obrigados a concordar uma vez que onde está o homem está também o erro – em razão do estágio em que nos encontramos em termos espirituais –, pois nossa maior preocupação ainda é conosco mesmos, em virtude de nosso egoísmo excessivo. Costumamos culpar os governantes e os poderes públicos, muitas vezes omissos e ineficientes. Quantas vezes nos revoltamos diante de noticiários de corrupção, de desvios de recursos que fariam a diferença para muitas crianças, construindo-se escolas, ou hospitais para os inválidos, ou ainda remédios para nossos idosos. Mas, infelizmente, no atual estágio evolutivo, o ser humano é fraco diante das tentações da vida e o poder corrompe as mentes invigilantes. A grande verdade, Virgílio, é que aqueles que assim agem não imaginam o pesado encargo que colocam sobre os próprios ombros quando das reencarnações futuras, pois o resgate é sempre doloroso. Quem somos nós para condenar? Há um pensamento que diz: "Quer conhecer a natureza de uma pessoa? Dê poder a ela". Essa é a grande verdade, pois muitos de nós, se tivermos em mãos o poder de mando, também poderíamos ser tentados nas facilidades das negociatas escusas do dinheiro ilícito. Mas isso não justifica os desmandos da corrupção, apenas constatamos que o mais grave é que tudo nos serve de pretexto para as desculpas de nossa omissão diante da miséria dos desafortunados, do drama dos excluídos, que perambulam pelas ruas. Criaturas que vivem à margem da sociedade e que são nossos irmãos, filhos de Deus tais quais somos, espíritos eternos em duras lições de aprendizado, e igualmente a nós mesmos, também trazem em sua intimidade a centelha divina, essência do próprio Criador. Entretanto, como podemos observar, passamos ao largo e rápido, deixando para trás nossos irmãos desafortunados, que vêm nos procurar com seus peditórios, ignorando que somos todos irmãos perante o Pai Eterno.*

As palavras do instrutor me sensibilizavam profundamente. Era difícil imaginar que criaturas se entreguem à mendicância, sofrendo os rigores das ruas, por opção, por esperteza ou por pura maldade. Possivelmente, aqueles mendigos, em algum momento de suas vidas, eram pessoas comuns, trabalhadores, com sonhos e ideais, porque ninguém nasce na condição de pedinte. Existem os desafortunados que vêm ao mundo em casebres miseráveis, que nem sequer foram gerados por amor, que não tiveram a felicidade de conhecer o próprio pai, abandonados muitas vezes à própria sorte desde pequeno, mas aí é outra história. Também não me refiro aos espertalhões que abusam do sofrimento infantil para sensibilizarem as pessoas de boa vontade e tirar vantagens ilícitas e inescrupulosas do sofrimento da criança nos faróis e praças públicas. O meu questionamento era que existem muitas pessoas de bem, humildes, trabalhadoras e sem maldade que, por falta de opção, se vêem marginalizadas da sorte, morando em favelas ou locais insalubres. Um pai responsável que vive esta situação sofre vendo seus filhos crescendo sem esperança em um meio miserável, onde malfeitores ditam suas próprias leis e normas de conduta.

Enquanto o instrutor respondia ao meu questionamento, seguimos adiante em direção à Praça da Sé.

– *Esta é a dura realidade da vida, Virgílio, porque seu questionamento é o mesmo que muitas pessoas fazem, pois em meio a tanta miséria realmente existem os espertalhões que se vestem de pobreza para abusar da sensibilidade e da piedade das pessoas de boa vontade. Também é verdade que existem adultos inescrupulosos que abusam de crianças transformando-as em pedintes, ficando convenientemente ocultos desfrutando de bem-estar, enquanto as crianças sofrem os rigores das intempéries das noites geladas e quanto mais sofrem, mais arrecadam, pois sabem que as pessoas se sentem mais sensibilizadas com o sofrimento infantil. É verdade que tudo isso existe e poderemos repetir a exortação de nosso irmão Emmanuel, que nos diz que "o mal sempre existe onde lhe queiramos destacar a presença" mas nem por isso podemos deixar de procurar identificar os verdadeiros necessitados e os infortúnios ocultos. Nesse aspecto, aquele que de alguma forma contribui para oferecer empregos honestos e dignos pratica a maior caridade porque o trabalho restabelece a dignidade do ser humano. Consideramos também de grande mérito aqueles que contribuem para construir escolas dando chance à criança de estudar e aprender edificando os verdadeiros valores, oferecendo oportunidade para que no amanhã seja um cidadão de bem. Assim sendo, enfatizamos a enorme responsabilidade que pesa sobre os ombros daqueles que têm em mãos o poder e subvertem o mandato outorgado pelo próprio povo, legislando em causa própria, enriquecendo-se com os recursos públicos, que irá depois fazer falta para a escola destinada ao menor carente, para o hospital público que abriga os menos afortunados, para os remédios em favor dos desvalidos e para as casas de reabilitação dos desviados do caminho. Podemos dizer que infelizmente esses irmãos praticam verdadeiros descalabros na administração do dinheiro público e que, protegidos por mandatos, conseguem ludibriar a lei, mas esquecem que esta vida é temporária e tudo passa muito rápido. Mais cedo que imaginam, terão de prestar contas de seus atos e sofrer as conseqüências de suas próprias atitudes resgatando dolorosamente, ceitil por ceitil, todo mal praticado.*

Aquele comentário do instrutor trouxe-me à recordação o episódio do "Retiro da Luz Divina" no qual havia me encontrado um importante político de minha época, que se preparava para doloroso reencarne de resgate em função dos desmandos praticados no exercício do poder público.

Chegamos à Praça da Sé. Ao lado da majestosa catedral, podia-se observar intenso burburinho, no vaivém ininterrupto de pessoas, no corre-corre apressado dos compromissos, ao lado de milhares de miseráveis, sujos, malcheirosos e abandonados, prostrados à compaixão pública. Pedintes e crianças de rua misturavam-se a pessoas de aparência distinta, de terno e gravata, ou vendedores ambulantes que vendiam de tudo, desde ervas milagrosas, roupas até eletrodomésticos. Observamos, ao lado, um grupo de crianças que cheiravam cola e fumavam. Entretanto, o que mais me impressionou foi a presença de uma criança de tenra idade, possivelmente uns cinco anos, ainda com uma chupeta na boca e um saquinho na mão, cheirando cola. Diante do meu espanto, o instrutor interveio:

– *Isto nos preocupa em demasia, Virgílio, pois o ser humano já evoluiu muito, se imaginarmos os primórdios do princípio inteligente até o estágio atual. Entretanto, existem atitudes que revelam a existência de criaturas que ainda permanecem em estágios de inferioridade assustadora. Os animais, nossos irmãos em estágio inferior ao nosso, não abandonam suas crias; muito ao contrário, lutam para defendê-las encontrando forças no instinto maternal ou paternal. É de admirar ao vermos a coragem de uma galinha defendendo seus pintainhos contra a ferocidade do gavião ou a frágil gazela, enfrentando o lobo voraz, dando sua vida para proteger seus filhotes. Observamos com tristeza a atitude de pais que abandonam os filhos, mães que se desfazem dos filhos recém-nascidos jogando-os em latas de lixo, esgotos ou matagais ermos. Verificamos que em meio a tanta miséria, em que pais espancam com violência os filhos, há uma das estatísticas mais abomináveis: o número crescente de estupros dentro do próprio lar, onde pais e padrastos são os maiores responsáveis por essa violência inominável.*

Encontrava-me estarrecido com a explanação do instrutor, pois era difícil imaginar que o ser humano fosse capaz de atitudes como aquela, mas a realidade era extremamente dura e dolorosa aos nossos olhos. O instrutor continuou após breve pausa:

– *A verdade é que todos somos responsáveis, Virgílio. Não se trata de encontrar culpados a quem possamos responsabilizar, mas você tem razão em seu pensamento, pois a realidade é extremamente dolorosa. A miséria tende a crescer cada vez mais, as crianças nas ruas não têm nenhuma perspectiva e amanhã serão adultos revoltados que virão nos cobrar o tributo pela omissão da sociedade e dos poderes públicos. Seremos tirados do sossego de nossos lares por milhares de miseráveis que cresceram e se transformaram pelo ódio em marginais a nos assaltar nas esquinas, nas ruas e nas praças públicas. Lamentavelmente vemos que criam-se leis que, em pouco tempo, se tornam obsoletas pelo excesso de comodismo e negligência dos legisladores. Temos de tentar raciocinar pela mente das crianças abandonadas, ou que fugiram de casa para viver na rua em virtude dos maus-tratos paternos, que se unem em grupos para se protegerem. Passam frio, fome, experimentam as drogas ainda em tenra idade, como esta criança que observamos, e sem um gesto de carinho, sem princípios de educação nem limites acabam encontrando na marginalidade o abrigo que não tiveram de ninguém. São crianças sem perspectivas que se encontram nas mãos dos espertalhões que, sabendo da impunidade criminal do menor, utilizam-se deles para infiltrá-los no perigoso caminho do delito. Para essas crianças, não existe limite entre o lícito e o ilícito e a linha divisória entre o bem e o mal é muito tênue. O que é o bem para quem passou fome, frio, necessidades e maus-tratos desde a tenra idade? O que é o mal para quem não conheceu o conforto de um lar bem constituído, nem teve a oportunidade de freqüentar escolas, aprender noções de civilidade e educação? Nós estamos no conforto de nossos lares enquanto muitos destes sofrem no frio e passam fome. Jamais imaginamos que amanhã nossos filhos poderão também ser apanhados nas teias enganadoras das drogas trazidas por muitas destas crianças abandonadas que acabam sendo adotadas pelas quadrilhas que se espalham em velocidade assustadora. Enfim, embora sejamos todos responsáveis, salvo as honrosas exceções, nos omitimos diante da gravidade dos problemas, mas, sem dúvida nenhuma, aqueles que detêm o poder de mando e não o realizam terão de responder perante as leis maiores os desmandos praticados no exercício do mandato público. O poder corrompe as consciências, o dinheiro ilícito distorce o caráter e o resultado todos nós já conhecemos. Por favor, Virgílio, não gostaria de ser repetitivo, mas não posso deixar de enfatizar, pois desviam-se recursos preciosos enquanto hospitais deixam de atender por falta de recursos, praticam-se tramóias suspeitas, enquanto os asilos fecham as portas por falta de verba, superfaturam obras enquanto as creches padecem à mingua, inventam-se obras faraônicas e deixa-se de construir escolas; enfim, a falta de recurso acaba por penalizar as obras assistenciais em prejuízo da criança, do idoso e dos miseráveis marginalizados pela vida. Por outro lado, temos também nossa quota de responsabilidade quando corrompemos o fiscal para sonegar imposto, quando subornamos o policial para nos livrarmos da multa, quando contribuímos de qualquer forma para que o ilícito prevaleça em detrimento dos menos favorecidos da sorte. A verdade é que temos mania de colocar nos ombros dos governantes toda responsabilidade, e somos obrigados a concordar que eles a têm, mas nós de alguma forma contribuímos também para esse estado de coisas. Basta examinar atentamente no fundo de nossas consciências.*

Quando estávamos próximos à grande escadaria que antecede a entrada principal da igreja, não pude deixar de observar o grande número de mendigos estendidos ao relento. O instrutor Pétrus continuou seus esclarecimentos:

– Claro que não podemos deixar de reconhecer o trabalho abnegado que é desenvolvido por criaturas de boa vontade que, a despeito de todas as dificuldades, desdobram-se na manutenção de obras meritórias com recursos próprios, acolhendo e fazendo a diferença para milhares de crianças por meio de creches e escolas profissionalizantes, cuidando de idosos sem recursos ou, ainda, resgatando almas que se perderam na indigência das ruas frias e impiedosas, nos albergues que acolhem os desvalidos, que pelo sofrimento da vida desceram ao mais baixo grau do abandono, esquecendo-se até que também são gente como nós. Isto não é solução, poderia alguém questionar, pois a miséria é tanta que, apesar de todo esforço, não haverá de se resolver o problema. Todavia, podemos responder: não, não irá resolver o problema da miséria no mundo, mas pelo menos para aqueles que receberam o auxílio foi feita a diferença. Não podemos deixar de reconhecer nem de mencionar o valor meritório daqueles de boa vontade que ainda lutam contra as dificuldades e os entraves burocráticos para manter respeitáveis instituições voltadas à caridade com as portas abertas. É comum ainda se ouvir, por intermédio das bocas ferinas e maldosas, que fulano ou beltrano se enriqueceu à custa da instituição que luta para se manter ativa, quando muitas vezes perde noites de sono preocupado em resolver os problemas que pesam no dia-a-dia para manter o funcionamento da instituição que dirige. Para estes irmãos apenas podemos dizer: perseverem, irmãos, porque o bom combate sempre vale a pena, e a única aprovação com

que devemos nos preocupar é a de Deus, nosso Pai Eterno, que tudo vê, até aquilo que está em segredo no fundo de nossos corações.

Adentramos a igreja, cujo silêncio contrastava com o burburinho exterior. Algumas lâmpadas acesas não impediam que o ambiente interno ficasse parcialmente na penumbra, com algumas pessoas que se recolhiam à prece. O instrutor convidou-me a que acompanhássemos as orações daquelas pessoas. Notei uma moça, jovem ainda, que orava pedindo sorte nas relações afetivas. Outra senhora orava pedindo que Deus pudesse abençoá-la para que ganhasse na loteria. Um senhor de mais ou menos sessenta anos de idade orava maquinalmente enquanto seus pensamentos se perdiam na sintonia do rancor contra seu genro que o espezinhava. De seus lábios, as palavras da oração proferidas contrastavam com o pensamento de mágoa contra seu desafeto: "Patife" – pensava –, "aproveita-se que sou velho e dependente para me humilhar, mas haverei de encontrar uma forma de vingança". Segui em frente e detive-me ao lado de uma senhora já idosa com cabelos grisalhos cobertos por um véu negro, que orava com os olhos cheios de lágrimas, com um rosário na mão e fazia um confuso e estranho peditório: "Senhor, desde que meu esposo Argemiro partiu, não tenho mais alegria na vida! Apenas meus queridos animaizinhos de estimação me compreendem e me trazem algum alento para continuar vivendo! Oh! Senhor, como meu marido podia ser tão cruel para com meus bichinhos? Vivíamos brigando, é verdade, mas Argemiro não tinha razão quando me pedia para me livrar dos meus queridos animais. Mas ele se foi, Senhor, e posso até dizer que já foi tarde. Mas, e agora? O que será de mim? A única coisa que me resta são eles, meus bichanos que me amam e cuidam de mim. Mas lhe peço encarecidamente, Senhor, dê vida longa a esta sua serva, pois eu, Risoleta de Albuquerque não sou de dar o braço a torcer e quero ainda viver muito para cuidar de meus bichinhos e glorificar seu santo nome! Permita que eu possa ter saúde e disposição e cumprir com minhas obrigações religiosas em seu nome, Senhor, vindo regularmente às missas, fazendo minha comunhão e meu ato de contrição. Oh! Senhor, tende piedade de mim que sou viúva e sozinha, pois até meu filho me abandonou. Por que tudo acontece comigo, Senhor? Eu, que sou piedosa, que oro todas as noites, que venho regularmente às missas e tomo comunhão, por que sofro tanto? Tende piedade de mim, Senhor, e dai-me vossa paz. Assim seja!".

Aquela senhora me parecia muito esquisita e sua prece um tanto quanto estranha. Parecia-me em grave estado de perturbação, embora eu não notasse nenhum irmão desencarnado exercendo influência negativa sobre ela. Notando meu interesse, o instrutor convidou-me para acompanhá-la para efeito de aprendizado. Assim o fizemos, tão logo dona Risoleta deixou a igreja a seguimos pelas ruas. Apesar da idade, demonstrava boa disposição caminhando a passos rápidos. Em vão as mãos se estendiam em rogativa:

– Uma esmola pelo amor de Deus!

Mas dona Risoleta, apressada, nem sequer olhava para quem havia proferido o pedido. Assim passou por vários pedintes que proliferavam pelas ruas próximas à praça da Sé. Mais adiante, uma senhora idosa, maltrapilha estendeu as mãos a dona Risoleta com suplicante pedido:

– Por piedade, minha senhora, me dê um auxílio para comprar um pedaço de pão, pois estou com muita fome. Hoje ainda não comi nada. Se a senhora acredita em Deus e em Nossa Senhora, mãe de Jesus, é em nome dela que lhe peço: sou velha e quase não consigo mais nem andar, por piedade, me dê um pedaço de pão ou um prato de comida!

Dona Risoleta pareceu se irritar: ficou parada, olhando a pedinte com muita raiva, e respondeu com voz ríspida e agressiva:

– Ora, ora, agora tenho cara de quem é a palmatória do mundo? Por favor, saia da minha frente, pois não tenho culpa de sua condição de miséria! Ora, ora, vá procurar um albergue que eles lhe darão um prato de comida! Essa é boa, agora somos nós que temos de alimentar esta turba de miseráveis que perambulam pelas ruas!

Após pronunciar essas palavras, seguiu em frente, sem olhar para os lados, até chegar a um ponto de ônibus, onde tomou um coletivo em direção a seu destino. Depois de mais ou menos vinte minutos chegou à sua residência, em um bairro não muito distante ao centro de São Paulo. Olhou desconfiada para todos os lados da rua, certificando-se de que não estava sendo seguida. Colocou a chave na fechadura e entrou. Fiquei surpreso com o que presenciei na residência de dona Risoleta: a casa era espaçosa com ampla sala, três dormitórios, cozinha e enorme quintal. Entretanto, o ambiente tanto físico quanto espiritual da casa era pesado e asfixiante. O que mais me impressionou é que a casa estava repleta de gatos que miavam desesperados com a chegada de sua dona. O ar era quase irrespirável e insuportável, por causa do mau cheiro exalado, pois por toda parte havia excrementos dos animais. Para meu espanto, considerei que deveria haver naquela casa mais de oitenta gatos que se engalfinhavam na disputa pela atenção da dona, que havia chegado. Ante meu questionamento, o instrutor me esclareceu:

– Este é um problema sério de desequilíbrio, idéia fixa e auto-perturbação, Virgílio. Dona Risoleta sempre teve fixação por gatos, um verdadeiro fascínio. Este era um dos motivos do desentendimento entre ela e o marido, pois preocupava-se ela mais com os animais do que com o próprio marido e o filho. O número excessivo de felinos, em casa, era sempre motivo de discórdia entre ela e o marido. O filho do casal sofria de bronquite asmática e, a cada crise, os médicos conhecedores da mania de dona Risoleta recomendavam a limpeza total do ambiente da presença dos bichanos, em benefício da saúde da criança. Mas tudo era em vão, pois ela sempre dava um jeito de trazer os animais para casa. Cada vez que dona Risoleta saía, para a rua, voltava com algum gato nos braços. O filho já estava com mais de dezesseis anos quando o senhor Argemiro tomou uma atitude após uma crise séria que determinou a internação do rapaz: alugou um apartamento e foi morar sozinho com o filho. Embora não quisesse se separar da esposa, tomou aquela decisão para preservar a saúde do filho que melhorou a olhos vistos no novo ambiente doméstico. Todavia, aquela atitude abalou a condição psicológica de dona Risoleta que nunca mais quis receber o marido nem ver o filho. Este é um fato insólito, Virgílio, pois esse episódio ocorreu há quase vinte anos e, na mente de dona Risoleta, o marido faleceu e o filho não a quer mais. Por várias vezes, o marido tentou visitá-la, mas ela o rechaça com gritos histéricos:

"Saia daqui, seu importuno. Você morreu, o que quer ainda comigo? Vá embora, sua alma penada!".

Outras vezes o senhor Argemiro tentou visitá-la levando o filho junto, mas isto apenas serviu para aumentar sua revolta. Em gritos agrediu o marido:

"Saia de minha vida, você é uma assombração, um fantasma que vem me perturbar! Saia de minha vida e leve junto esse menino! O que vocês querem comigo? Vão embora e não voltem nunca mais!".

O senhor Argemiro não teve alternativa a não ser deixar de visitá-la, embora continue assistindo-a financeiramente. O filho hoje é homem formado, já casado. Mais de uma vez tentou visitar a mãe, mas a demência desta o escorraçou. Chegaram até a pensar em interná-la em um sanatório mas aparentemente dona Risoleta tem este comportamento apenas com o filho e o marido, pois com a vizinhança aparenta ser uma mulher normal. Rotineiramente faz a feira, freqüenta a missa regularmente, confessa-se com o padre e toma comunhão. Os vizinhos sabem de sua mania de gatos, mas preferem não criar caso com a vizinha problemática, mantendo distância dela e resumindo o relacionamento apenas a lhe dizer bom-dia ou boa-tarde quando com ela se encontravam. Entretanto, vive reclusa na companhia de seus gatos que proliferam à revelia. Gasta a maior parte de seu dinheiro na compra de alimento para os felinos.

Eu ficava admirado com aquela situação e me perguntava se não seria um tipo de obsessão. O instrutor esclareceu-me:

– Sim, Virgílio, esta é uma obsessão das mais graves, pois o obsedado se auto-obsedia fixando seu pensamento apenas em seu desvario psicológico, e colocando como prioridade absoluta de vida sua mania

pelos animais que elegeu como móvel e objeto de sua obsessão. Tem ainda um componente grave em toda essa história: a obsessão vem acompanhada por um componente de desequilíbrio psicológico semelhante a uma mente psicopata. Quem vê dona Risoleta pelas ruas, como uma idosa inofensiva, desconhece o potencial patológico e mórbido de sua mente desequilibrada, pois não titubeará em agredir e ferir pessoas em defesa de seus bichanos, se estes forem ameaçados.

Confesso que me encontrava extremamente impressionado com o caso em pauta. Percebi que, após espalhar comida para os animais, dona Risoleta parecia sonolenta. Observei então estranho comportamento de alguns gatos que a rodeavam ronronando insistentemente como se fora uma sugestão mental opressiva e dominante, pois dona Risoleta tornava-se passiva, como se submetendo a uma vontade superior à sua diante de algo que se assemelhava a uma hipnose.

– Ah! Meus filhinhos – dizia ela, com os olhos mortiços de sono –, vocês querem dormir um pouco, não é verdade? Eu também quero, vamos dormir, vamos.

Parecia-me que dona Risoleta se encontrava à mercê de uma vontade dominante que a subjugava, embora a seu lado estivessem apenas seus bichanos. Entretanto, para minha surpresa, parecia-me que os animais entendiam o que sua dona lhes dizia, de forma que quando ela se dirigiu para o quarto, os animais a seguiram deitando-se ao lado de sua dona. Imediatamente dona Risoleta adormeceu, juntamente com os gatos. Observei então estranho fenômeno em que, dos corpos físicos dos felinos adormecidos se desprendiam formas que reproduziam com fidelidade corpos vaporosos muito semelhantes a um corpo perispiritual dos animais, envolvendo, como que por um magnetismo simbiótico, o campo mental de dona Risoleta, que parecia feliz pela presença de seus animais de estimação. Qual era a explicação para aquele fenômeno bizarro que eu presenciava? Diante de minha estranheza, o instrutor pediu-me que aguardasse um pouco mais. Não demorou muito quando adentrou o ambiente um espírito de aspecto soturno, com queixo aquilino, nariz adunco e olhos típicos dos felinos que superlotavam aquela residência. O visitante não notou nossa presença em virtude das diferenças vibratórias, agindo com desenvoltura como quem é senhor absoluto da situação. Aproximou-se do leito no qual dona Risoleta e os gatos dormitavam e, num forte influxo magnético, fez com que o corpo perispiritual da dona da casa se desprendesse do corpo físico, projetando-se para nossa esfera. Dona Risoleta encontrava-se magnetizada de forma que parecia completamente sonada, tendo seu campo de visão limitado pela vontade absoluta do espírito. Ao identificar a presença do espírito, postou-se de joelhos e, num gesto de completa submissão, prestou reverência como se estivesse diante de um soberano:

– Salve sua presença soberana, ó grande Septah! Quero que me digas se a obra desta sua serva satisfaz sua majestade!

Que encenação era aquela? Parecia mais uma peça bizarra de uma ópera cômica. Diante de meu espanto, o instrutor pediu-me que eu procurasse examinar a mente de dona Risoleta.

Ao penetrar em sua aura mental, percebi o pesado teor das energias deletérias que aprisionavam dona Risoleta. Entretanto, para minha surpresa, observei que ela se comprazia totalmente, agasalhando com satisfação as imagens que se formavam em sua mente. A visão que dona Risoleta tinha não era a mesma que se manifestava à nossa percepção: identificava ela, naquela entidade que se manifestava, um rei com a fisionomia que se assemelhava a um felino. À sua visão, Septah era um monarca muito poderoso. Uma coroa cingia sua fronte, seu corpo estava coberto por um manto escarlate, enquanto empunhava um cetro como se fosse o símbolo de seu poder e de sua força. Diante de sua saudação, Septah respondeu:

– *Serva indigna! Já não lhe disse que não deveria ir à igreja? Esquece suas obrigações com meus súditos que é sua exclusiva responsabilidade? Eu já não lhe avisei que o bem-estar deles é sua prioridade absoluta? Devia castigá-la, mas não vou fazer isso porque tenho certeza que doravante irá cuidar de meus filhos com dedicação.*

– Oh! Meu magnânimo soberano, como fico feliz quando me pede para cuidar de meus bichinhos queridos. Obrigada, majestade, porque saberei corresponder à sua confiança nesta sua serva.

– *Assim está melhor! Quero dedicação absoluta, porque saberei recompensá-la na medida do merecimento.*

Dizendo isto, estendeu as mãos e tocou os cabelos de dona Risoleta que, em estado de êxtase, exclamou:

– Oh! Grande soberano, saberei ser uma serva submissa, obediente e prestativa para concluir a grande missão que me foi confiada.

– *Sim, nunca se esqueça disso! Sua grande missão é cuidar de meus súditos, de meus filhos queridos. Esta é sua grande missão na Terra.*

Aquele estranho diálogo se estendeu um pouco mais, mas eu já havia observado o suficiente. O que significava tudo aquilo? O instrutor olhou-me com tristeza para comentar:

– *Este é um problema sério que transcende outras existências, que remonta desde o Antigo Egito, Virgílio. Dona Risoleta, em tempos recuados, foi uma sacerdotisa egípcia, e o espírito que se manifesta como Septah era um sacerdote da era do faraó Armiteu, uma das últimas dinastias antes do domínio persa. Mas este episódio que estamos observando demanda uma análise mais profunda e nosso objetivo agora é outro. Em momento oportuno, você terá o esclarecimento necessário a esse respeito quando aqui retornaremos com a finalidade específica para tratarmos desse assunto. Agora, iremos fazer uma visita a uma pessoa que se dedica às causas dos menos favorecidos na justiça material.*

Enquanto nos deslocávamos em demanda a nosso destino, não pude deixar de me preocupar diante da estranha situação de dona Risoleta: uma senhora alheia à realidade da vida, hipnotizada e completamente obsediada num envolvimento perigoso que a conduzia à insanidade.

Em defesa dos fracos

Quando chegamos à região central de São Paulo, próximo à Avenida Ipiranga, passava das quinze horas. Adentramos um edifício de aspecto antigo e chegamos a uma minúscula sala, passando por uma porta, onde se via um letreiro indicando que era um escritório de advocacia.

Entramos no momento em que uma moça de aparência ainda jovem, na casa de seus vinte e oito anos, dava instrução a uma mocinha que parecia toda atrapalhada:

– Jovelina, por favor, não vá esquecer minhas recomendações: estou indo até a cadeia para conversar com uma prisioneira que foi apanhada roubando, pois fui nomeada defensora pública dela. Parece-me que é uma infeliz e miserável que não tem onde cair morta. Preciso saber o que realmente aconteceu para em seguida tentar uma estratégia de defesa. Se o senhor José Antero da Cunha chegar, diga-lhe que tive um compromisso inadiável e que ligo ainda hoje para ele após o retorno da visita à minha cliente que se encontra presa, entendeu? Por favor, diga que entendeu, porque ele é um dos poucos que está me confiando uma defesa em que possa ganhar algum dinheiro! É importante, Jovelina, pois esta causa é que irá permitir ganho de honorários para pagar seu salário e o aluguel do escritório. Por isso não posso perder de jeito nenhum esta oportunidade!

Percebia-se que a moça não havia entendido muito bem a mensagem, mas tentava disfarçar com um sorriso:

– Sim, entendi tudo, "dotora" Cristina, o senhor José Homero da Cruz virá e a senhora não irá voltar por causa dos honorários que irá ganhar? É isto?

A jovem fez um gesto instintivo de desalento.

– Ai, meu Deus, você entendeu pouca coisa do que eu disse, e o pouco que assimilou entendeu errado.

Percebendo o desagrado da advogada, Jovelina colocou a mão no rosto e começou a chorar.

– Por favor, "dotora", não fique brava comigo. Eu sei que não sou muito inteligente. Por favor, tenha paciência.

A jovem sentou-se ao lado de Jovelina, abraçou-a com carinho, acariciando seu rosto molhado de lágrimas.

– Por favor, Jovelina, eu vou ficar brava de vez se você vier de novo com este papo de ser complexada. Você é uma moça muito bonita e, quando a contratei para ser minha secretária, é porque confio em sua capacidade. Então, pare de vez com esta história, está bem? Você está estudando, e isso já é uma coisa boa; além do mais, está tendo oportunidade de um trabalho como secretária com o qual poderá, aos poucos, se preparar para que, no futuro, também possa ser uma advogada, não é verdade?

Então fique calma, está bem? Você sabe que eu tenho paciência, não sabe?

A moça enxugou as lágrimas, seus olhos estavam tristes, mas tinha um sorriso tímido nos lábios. Em seguida, num gesto de agradecimento, beijou a face da jovem advogada.

– É verdade, "dotora", a senhora é uma pessoa boa, diferente das outras que menosprezam a gente. Infelizmente, muitas pessoas fazem diferença e eu sinto-me humilhada muitas vezes, mas a senhora tem razão, pois tudo isso faz com que eu sinta complexo de inferioridade. Eu fico muito feliz em poder ajudá-la de alguma forma, pois a senhora é uma pessoa de bom coração e sempre me respeitou e me deu apoio. Obrigado, "dotora".

Cristina sorriu diante da manifestação sincera de sua secretária.

– Jovelina, vou apenas pedir uma coisa para você, está bem? Preste atenção: não me chame de "dotora", apenas de Cristina.

– Ah! "Dotora", eu não consigo. Para mim a senhora é uma "dotora" e eu vou chamá-la sempre assim.

A advogada sorriu novamente diante da simplicidade da jovem.

– Está bem, que assim seja se você se sente melhor dessa forma. Então vou pedir apenas um favor: faça um esforço porque é necessário. Fale corretamente o título, que é "doutora", e não "dotora".

Mais animada, a jovem secretária retrucou:

– Está bem, doutora Cristina. A senhora tem razão.

– Está vendo? Não foi difícil. Você sabe falar corretamente, apenas tem mania de falar errado e, nesse aspecto, eu serei uma professora exigente e em breve estará falando muito bem, você vai ver. Afinal, hoje é apenas seu segundo dia como minha secretária.

Em seguida, a advogada apanhou um bloco de papel, rabiscando rapidamente algumas palavras.

– Olhe, Jovelina, apenas para que não fique preocupada, anotei aqui o recado que você precisa dar. Basta ler quando o senhor José Antero chegar, então pode ficar mais tranqüila que não há risco de dar o recado errado. Aqui está o dinheiro da passagem, então você apenas atende os telefonemas, anota o nome das pessoas e o número dos telefones neste bloco e, quando for dezoito horas, feche o escritório e pode ir embora. Amanhã, às nove horas em ponto, você retorna, está bem?

Jovelina parecia mais animada. Sorriu meneando a cabeça afirmativamente.

– Sim, doutora Cristina, entendi tudo direitinho. Pode ir tranqüila que eu vou dar conta do recado.

– Isso, Jovelina, assim é que se fala. Amanhã nos vemos novamente. Fique com Deus – despediu-se a jovem advogada, saindo apressada para a rua.

A jovem caminhava a passos rápidos, pois corria contra o tempo. Chegou ao primeiro ponto de ônibus e ficou aguardando o coletivo que veio em poucos minutos. A jovem acenou e adentrou o veículo em demanda a seu destino. O instrutor Pétrus esclareceu-me qual era nosso objetivo.

– *Como pudemos observar, Virgílio, cada pessoa vive seus próprios problemas correndo atrás de compromissos inadiáveis, cada um vive suas tribulações, suas dores e desencantos, suas angústias e muitas vezes a cidade grande faz com que as criaturas, no dia-a-dia, se acostumem com a presença da miséria e dos problemas dos desafortunados da vida. Diariamente vemos na cidade grande um sem-número de criaturas na figura de pedintes, miseráveis, crianças esmolando, velhos caídos pelo chão, de forma que muitas pessoas acabam por se acostumar com os infortúnios do próximo como se tudo fosse normal. Isso é muito triste porque muitas vezes as pessoas morrem à mingua nas ruas e pedestres passam ao lado, ignorando que um semelhante, um filho de Deus como nós está morrendo e não fazemos nada. Seguimos em frente como se nada estivesse acontecendo, como se não tivéssemos nada com isso e o pior: aos poucos vamos perdendo a sensibilidade do que é piedade, do que é bondade e do que é caridade. Como dissemos, a maioria de nós age dessa forma. Entretanto, existem pessoas que, apesar de todos os problemas, não se deixam levar pela insensibilidade e, embora tenham suas próprias dificuldades, são capazes de gestos de bondade e abnegação que nos mostram que fazer o bem, praticar a caridade, deixar fluir no coração um gesto de piedade é possível a qualquer um que se disponha a realmente servir em nome do Cristo. E interessante observar que estes gestos, em muitos casos, são espontâneos, são de pessoas que às vezes nem possuem credo, nem sequer freqüentam uma igreja ou professam uma religião: este é o caso de nossa jovem advogada* – concluiu o instrutor.

Enquanto nos acomodamos no coletivo ao lado de Cristina, notei que ela se encontrava pensativa, rememorando passagens marcantes de sua vida. O instrutor convidou-me para que pudesse conhecer o teor de seus pensamentos para melhor saber algumas particularidades da vida de nossa jovem advogada. De imediato, foi possível perceber que Cristina trazia em sua personalidade características marcantes de uma pessoa altruísta, sensível ao sofrimento alheio e dotada de forte personalidade. Vislumbrei detalhes interessantes, percebendo que desde a tenra infância sempre foi a defensora dos mais fracos, dos menos favorecidos, dos deserdados da sorte. Constantemente era motivo de brincadeiras jocosas por parte de seus irmãos, parentes e colegas na escola. Em qualquer discussão, todos já sabiam que ela tomaria partido em favor da parte mais fraca. Na escola muitas vezes se envolvia em confusão que não lhe dizia respeito apenas para não presenciar alguma injustiça, ou para que uma parte menos privilegiada não fosse prejudicada. Pertencente a uma tradicional família de advogados, a jovem trazia nas veias o desejo de exercer advocacia para fazer justiça segundo seus princípios éticos. Cristina sempre questionava seu avô, velho e experiente advogado, a respeito da Justiça:

– Vovô, eu não posso me conformar que um espertalhão se enriqueça auferindo vantagens monetárias indevidas dos recursos públicos e escape da Justiça porque o dinheiro consegue contratar bons advogados que o defendam.

– Este é o princípio da Justiça, minha querida – tentava argumentar o velho advogado. – Todas as pessoas só podem ser consideradas culpadas depois de exercer o direito da mais ampla defesa, até o julgamento final, esgotados todos os recursos jurídicos que a lei disponibiliza.

A jovem não se dava por vencida com o argumento, retrucando prontamente:

– É aí que entendo que ocorre a injustiça, vovô. Aqueles que têm dinheiro contratam bons advogados e então conseguem encontrar espaços na lei de forma que, até esgotar todos os recursos que a lei disponibiliza, passam-se anos e anos enquanto notórios culpados continuam impunes gozando em liberdade e, muitas vezes, conseguindo escapar da punição porque advogados inteligentes e especialistas, contratados a peso de ouro, conseguem encontrar falhas na lei. Penso que todos aqueles que transgridem a lei deveriam ser punidos, mas tenho observado, vovô, que apenas os pobres e os infelizes são punidos com rigor, porque não têm a seu favor bons advogados que os defendam.

O doutor Honorato sorria com as ponderações e as razões de sua neta preferida.

– Você está enganada, minha querida neta. Para as pessoas que não têm recursos, o juiz solicita à defensoria pública um advogado especialmente contratado pelo Estado para defendê-las.

A discussão era boa, pois a jovem não se dava por vencida com os argumentos do avô.

– O senhor pensa que sou boba, vovô, imaginando que o senhor acredita mesmo em tudo isso. Concordo que o Estado nomeia um defensor público para advogar em causa do miserável que não tem recurso, mas o senhor acha que estes advogados têm boa experiência? Além do mais, imagino que o Estado deva pagar um "grande" e atrativo honorário que motiva o defensor público na defesa de sua causa. Ora, vovô, me poupe, porque acho que realmente existem advogados de boa vontade que defendem causas dos menos favorecidos, não pelos honorários recebidos, mas por altruísmo porque, financeiramente, ouvi dizer que é uma "merreca".

O velho causídico[5] não gostava de palavreados estranhos e, por isso, franzia o rosto porque, segundo dizia, existem palavras cuja pronúncia fere os ouvidos.

– O que isso, minha filha? Não quero que você, futura advogada, trazendo como bagagem a tradição de nossa família fique pronunciando palavras chulas.

A jovem então sorria, e apenas seu sorriso já era suficiente para novamente fazer com que o semblante do velho advogado suavizasse novamente.

– Desculpe-me, vovô, pois eu sei que o senhor não gosta dessas palavras. Então vou substituir a palavra "merreca" por uma porcaria, uma droga, uma "mixaria", está bem? Prometo que não mais direi a palavra "merreca", está satisfeito? Promessa é dívida, e solenemente digo ao senhor que a palavra "merreca" não fará mais parte do meu vocabulário, está bem?

Quando o doutor Honorato começava a se irritar novamente, a neta o desarmava com um abraço.

– Brincadeirinha, vovô. Eu apenas faço isso porque o senhor é muito sério; então, é apenas uma provocação para depois vê-lo sorrir. Te amo muito, viu? – completou, beijando-lhe a face.

– Ah! Minha querida neta! Eu sou um avô muito feliz e você sempre me pega desprevenido com suas brincadeiras. Você é minha neta preferida. Mas eu admiro esta sua preocupação com

5. Defensor de causas. (N.E.)

os menos favorecidos da sorte. Sou obrigado a concordar que não deixa de ter razão, pois somos humanos imperfeitos e, conseqüentemente, nossa Justiça também é imperfeita, assim como os homens que têm a incumbência de decidir. Tenho plena convicção de que todos procuram fazer o melhor, mas o ser humano é falho e, muitas vezes, as leis também contêm falhas que beneficiam os mais privilegiados. Os magistrados têm de tomar decisões baseados em leis que, às vezes, aparentemente são injustas mas devem ser cumpridas.

A garota ficou de repente com a fisionomia séria.

– É por isso, vovô, que vou estudar e me formar em direito, não para ganhar dinheiro, mas para defender aqueles que não têm condições de pagar um advogado.

O velho advogado sorriu diante da fisionomia firme e decidida da neta.

– Ah! Minha netinha querida! É por isso que eu tenho um carinho especial por você porque me lembra minha própria juventude, quando eu também tinha ideais. Hoje, já sou velho e experiente o bastante para saber que, infelizmente, com o tempo, percebemos que necessitamos progredir, ganhar dinheiro, conquistar respeito e tradição. Também pensava assim e confesso que me deixei seduzir pelo sucesso que conquistamos quando somos vencedores. Hoje já estou velho e de vez em quando tenho me questionado: será que agi corretamente? Lógico que na defesa dos direitos de meus clientes sempre agi com honestidade e com lisura no fiel cumprimento da lei, mas deixei de lado a magia e o encanto dos ideais que possuía em meu coração quando tinha sua idade.

Seu pai tornou-se um advogado brilhante, fazendo com que nosso escritório adquirisse notoriedade e renome, mas o que me deixa mesmo feliz é ouvir essas palavras de você, que ainda acredita que poderá fazer justiça, mesmo que tardia. Terá todo meu apoio, querida, mas garanto que seu pai não irá gostar nenhum pouco.

A neta sorria diante da ponderação do avô.

– Vovô, deixe papai por minha conta. Dele eu me encarrego, pode deixar.

Assim Cristina formou-se em direito, com ideal inabalável em seu coração: defender as causas dos fracos, dos desvalidos, dos marginalizados. Em seu pensamento, recordou o desagrado paterno quando soube suas intenções:

– Se quiser trabalhar no escritório, terá todo meu apoio, mas se insistir nesta sua idéia maluca de defender os fracos e oprimidos, terá de se virar sozinha, pois nem estágio vou permitir que faça em meu escritório.

Naquele momento, uma lágrima desceu pelo seu rosto pois realmente o pai cumpriu com a promessa: não permitiu que fizesse estágio e, além do mais, cortou sua mesada, até então sua única fonte de renda. Contou apenas com a ajuda de seu avô que às escondidas contribuía com algum recurso financeiro que permitiu que abrisse um simples escritório, com uma mesa e um telefone próximo à região do centro velho de São Paulo, em um local cujo aluguel era bem barato. Como secretária contratou Jovelina, a jovem que havíamos conhecido.

Como já estava próxima de seu destino, levantou-se apertando o botão da campainha, descendo em seguida.

Aproximou-se do enorme edifício de aspecto sombrio. Era a cadeia feminina da região. Ao chegar, dirigiu-se à guarita de vigilância e, após identificar-se, sua entrada foi franqueada.

Ao chegar à sala do diretor da prisão, apresentou o ofício do magistrado que a nomeava como advogada da prisioneira em questão. A uma ordem do diretor, uma policial saiu em direção às celas abarrotadas por centenas de criaturas infelizes, retornando em seguida com uma mulher aparentemente ainda jovem, mas de semblante sofrido. Apresentava a fisionomia magra, e do rosto ferido por algum objeto cortante escorria pequeno filete de sangue. Seu aspecto franzino era de dar pena. Seus cabelos estavam em completo desalinho e os olhos perdidos no vazio. Como uma verdadeira alienada mental, escondia, talvez grande sofrimento pelo qual passava, pois lágrimas desciam de seus olhos molhando seu rosto ferido. A policial conduziu-a a uma sala, mantendo-lhe as mãos algemadas às costas.

– A prisioneira é toda sua, doutora. Fique à vontade, mas não se iluda com a aparência franzina desta criatura, pois é muito agressiva – comentou o diretor, indicando a sala ao lado onde fora conduzida a prisioneira.

Cristina agradeceu com um aceno de cabeça, enquanto a policial reforçava a recomendação:

– Vou ficar aqui para sua segurança, doutora, não se fie na aparência debilitada dela, pois, desde que aqui chegou, já arrumou uma porção de brigas e encrencas. A última acabou de acontecer e outra prisioneira a feriu no rosto. Depois que a senhora a liberar, será então medicada.

A advogada olhou para aquela infeliz e sentiu-se penalizada e comovida com seu estado de sofrimento. Cristina não soube explicar, mas aquela criatura tocava sua sensibilidade, pois identificava em seu olhar um sofrimento profundo. Voltou-se para a policial e agradeceu:

– Obrigada, policial, mas prefiro ficar sozinha com minha cliente. Por favor, pode deixar-nos que não há necessidade de sua presença.

– É uma temeridade, doutora, mas já que a senhora prefere assim, estarei do lado de fora para qualquer emergência – complementou a policial, enquanto se retirava da sala.

Ficando a sós com a prisioneira, Cristina olhou-a fundo nos olhos. A mulher abaixou a cabeça e começou a soluçar, e com suas palavras entrecortadas por lágrimas, apenas dizia:

– Por favor, faça o que puder para me tirar deste lugar. Eu sou uma pessoa que sempre trabalhei, não sou nenhuma ladra. Você tem de acreditar em mim. Meu Deus, meus filhinhos queridos, o que aconteceu com eles? Meu Deus! Meu Deus! Me auxilie, meu Deus! Acho que não vou agüentar tanto sofrimento...

Preocupada com o choro convulsivo da prisioneira, a jovem advogada parecia meio desorientada.

– Calma, minha senhora, por favor fique calma. Precisa me contar exatamente o que aconteceu para que eu possa tirá-la daqui.

Mas aquela criatura desesperada parecia não ouvir o que sua advogada dizia.

– O que vou fazer, meu Deus? O que vou fazer sem meus filhinhos queridos? Onde estão meus filhos neste momento? Ai, meu Deus, permita que alguma alma piedosa tenha cuidado deles! Meu Deus, que criatura infeliz que sou!

Realmente a falta de experiência da jovem advogada era flagrante, pois, apesar de toda sua boa vontade, não estava conseguindo se comunicar com a prisioneira, dado o estado de alienação e desespero em que esta se encontrava. Naquele instante, o instrutor Pétrus bondosamente envolveu Cristina em fluidos salutares inspirando-a positivamente. A jovem respondeu ao auxílio de forma admirável. Levantou-se sem dizer uma palavra, aproximou-se da prisioneira e acariciou seus cabelos enquanto com a outra mão lhe ofereceu um copo de água.

Aquele gesto de bondade surpreendeu a prisioneira, que olhou para a advogada com os olhos espantados. Há quanto tempo não era tratada com carinho e respeito?! "Meu Deus" – pensou –, "esta moça realmente é uma criatura boa e se tem alguém que pode me ajudar, é ela". Dessa forma, com um sorriso triste, aceitou a água e a tomou auxiliada pela advogada. Aquilo pareceu acalmá-la.

Registrei aquele momento com muita emoção, ao observar o gesto de bondade e sensibilidade daquela jovem advogada. O instrutor sorriu e recordou-me o *Evangelho* do Cristo:

– Bem nos recomendou Jesus, Virgílio: "aquele que der um copo de água em meu nome, não perderá seu galardão".

Sorri diante da feliz lembrança do instrutor, enquanto interessante diálogo se estabelecia entre advogada e prisioneira:

– Obrigada, doutora, a senhora tem o coração bom. Por favor, eu lhe peço que me ajude a sair daqui, pois deixei meus filhos na rua e desde então não sei o que aconteceu com eles. Isso me leva ao desespero.

Cristina encorajou sua cliente com um sorriso bondoso.

– Fique calma, pois não tenha dúvidas de que irei tirá-la daqui. Mas para isso preciso conhecer sua história. Diga-me exatamente o que aconteceu, sem omitir nenhum pormenor, pois tudo pode ser relevante neste caso.

Então aquela mulher sofrida contou sua história. Seu nome era Clarinda e tinha dois filhos. Fora abandonada pelo marido ficando em uma situação muito difícil, pretendendo retornar para sua cidade natal, um pequeno lugarejo muito distante de São Paulo, no interior de Minas Gerais. Relatou sua desdita, seus filhos pequenos doentes e famintos quando os deixou embaixo de um viaduto para pedir comida em uma mercearia. Sua entrada foi vetada, mas Clarinda ficou rondando a porta implorando ajuda às pessoas que simplesmente a ignoravam. Do lado de fora observou que algumas mercadorias ficavam expostas em uma gôndola próxima à saída e se aproximou para apanhar qualquer tipo de alimento possível para levar a seus filhos. Não percebeu que havia um segurança que estava observando seus gestos. Em dado momento, rapidamente apanhou um pacote de bolachas, dois iogurtes e um brinquedo envolvido num plástico, saindo correndo. Infeliz foi seu gesto, pois o segurança a apanhou em seguida, enquanto passava uma viatura policial. Clarinda foi detida diante da queixa do proprietário do estabelecimento e, ao perceber a gravidade da situação, desesperou-se lembrando-se dos filhos, soltou uma das mãos e agrediu o segurança com uma sonora bofetada enquanto chutava as canelas dos policiais que a imobilizaram com violência. Clarinda gritou desesperada, mas em vão. Imobilizada, na parte traseira da viatura, foi conduzida ao distrito policial e autuada em flagrante por furto. O que agravou sua situação foi sua reação contra os policiais e o furto de um brinquedo.

A prisioneira interrompeu seu relato para chorar, balbuciando entre lágrimas:

– Pois é, doutora, segundo me disseram, fui presa e processada por furto, mas eu estava apenas pensando em meus filhos. A vida para mim não tem nenhum sentido sem eles, que apenas Deus pode saber onde estão agora. Para mim a maior tortura, pior até que a prisão onde me encontro, é não saber o que aconteceu com meus filhinhos queridos.

Mais uma vez Clarinda interrompeu sua fala para soluçar em lágrimas copiosas. Cristina sentia-se tomada de piedade, colocando-se no lugar daquela infeliz criatura. Em seu pensamento questionava exatamente o ponto em que não podia concordar com a Justiça: enquanto Clarinda, uma pobre e infeliz criatura encontrava-se prisioneira porque havia tentado roubar alimento para seus filhos, existem aqueles que investidos de poder público se locupletam com milhões desviados do erário público em tramóias inomináveis sem que a Justiça os alcance, porque detêm poder e dinheiro para contratar bons advogados que conhecem as falhas da lei e que lhes permitem agravos e recursos protelatórios que se estendem a perder no tempo, além da morosidade da Justiça que se torna favorável ao infrator que, na maioria das vezes, acaba sendo absolvido.

A jovem advogada já havia examinado o processo de Clarinda e o caso era bastante complicado. As acusações que pesavam contra ela não se restringiam apenas ao roubo de alimento: pesavam também a tentativa de roubo de um objeto que não se destinava à alimentação, a reação à voz de prisão e o desacato à autoridade.

Cristina olhou bem para a figura de sua cliente, que chorava baixinho com a cabeça baixa. Corpo franzino, rosto ferido como resultado da violência da prisão, olhos azuis que refletiam profundo desespero e desalento. Para Cristina, aquele ser era o fiel retrato a mostrar que realmente a lei funcionava com excessivo rigor apenas para os miseráveis e deserdados porque os poderosos – ah! os poderosos – estes dificilmente são apanhados nas malhas da lei, pensava consigo mesma, externando seus pensamentos em voz alta:

– Mas com você será diferente, Clarinda. Você é minha cliente e juro por tudo que é mais sagrado que irei revirar o mundo de cabeça para baixo para defendê-la, porque você é inocente. Irei lutar com todas as minhas forças para absolvê-la e libertá-la desta prisão injusta.

Dizendo isso, chamou a policial que se encontrava no lado de fora e, quando a policial se apresentou, solicitou que libertasse as mãos de Clarinda das algemas, uma vez que não havia necessidade disso. O tom de voz da jovem advogada era firme e tinha autoridade.

– Por favor, peço que solte as algemas que prendem minha cliente. Quero continuar minha conversa, mas quero que minha cliente esteja com as mãos livres, pelo menos as mãos, uma vez que sua liberdade será apenas uma questão de justiça e tempo.

Surpreendida com a determinação da advogada, a policial não questionou, soltando imediatamente as mãos da prisioneira que se encontravam algemadas às costas.

– Tudo bem, doutora, a senhora é quem sabe. Esta moça é encrenqueira, já lhe avisei, e a senhora será responsável pelo que acontecer.

– Fique tranqüila que sei o que estou fazendo. Cumpra apenas sua obrigação.

Após ter suas mãos libertas, Clarinda levou-as ao rosto e chorou.

– Obrigada, doutora, pode ficar sossegada que não vou criar problemas não. Se houve brigas na cela é porque algumas detentas não me suportam mais porque choro todos os dias e, quando me lembro de meus filhinhos, grito em desespero e me dá vontade de bater com a cabeça na parede da cela. Então sou agredida, porque já não estão suportando mais meus lamentos. Mas pense bem, doutora, colocando-se em meu lugar: já pensou o que poderia ter acontecido com meus filhinhos? E Andrezinho ainda estava doente.

Cristina encontrava-se comovida com a história daquela pessoa sofrida. "Meu Deus", pensava, "a realidade do palco da vida muitas vezes supera a ficção". O caso de Clarinda era típico em que uma mãe miserável, deserdada da vida, cujos ombros, por estas complexidades da lei, pagavam de forma desproporcional por um pequeno delito no qual o bom senso, a piedade e a caridade seriam suficientes para resolver tudo a contento.

Tomada de compaixão, a jovem advogada levantou-se e abraçou Clarinda, como se estivesse abraçando uma irmã, uma pessoa querida de seu coração. Entre lágrimas e soluços, a prisioneira manifestou sua preocupação.

– Obrigada por tudo, doutora. A senhora é uma pessoa piedosa e sei que fará o melhor para me defender, mas gostaria que a senhora soubesse que não tenho dinheiro para lhe pagar.

Cristina sorriu da simplicidade e da preocupação de sua cliente.

– Não se preocupe com isso, Clarinda. Eu sou paga pelo Estado para defendê-la e pode ter certeza que moverei todos os recursos que puder para inocentá-la e absolvê-la. Mas pode acreditar no que vou lhe dizer: a maior recompensa que receberei será o dia em que o juiz emitir um alvará de soltura e eu vê-la completamente livre. Pode ter certeza que neste dia haverei de sentir-me muito feliz. Amanhã mesmo vou preparar uma petição solicitando sua libertação por meio de um *habeas corpus*.

A prisioneira finalmente conseguiu sorrir. Num gesto de humildade, beijou as mãos da advogada.

– Deus haverá de recompensar por tudo que está fazendo por mim, doutora. Mas fico pensando que o dia em que estiver em liberdade irei enlouquecer: o que farei para reencontrar meus filhos? Será que ainda estão vivos? Será que alguma coisa ruim aconteceu a eles?

– Não pense nisso agora, Clarinda. Prometo que procurarei saber alguma notícia nas imediações do viaduto onde você os deixou. Se souber, te aviso.

Enquanto a jovem advogada concluía sua missão junto à Clarinda, nos afastamos em demanda à Colônia Irmão Nóbrega. Elevamo-nos no espaço afastando da atmosfera pesada e poluída da grande metrópole paulistana, enquanto o sol se despedia de mais um dia, escondendo-se por trás do horizonte, tingindo-o de rubro com seus últimos raios, dando lugar às sombras da noite.

As primeiras estrelas começavam a cintilar no céu e, ao longe, São Paulo parecia uma estrela faiscante na escuridão em que a Terra mergulhava. Um turbilhão de questionamentos fervilhavam em minha mente e o instrutor Pétrus concluiu:

– *A obra de Deus é grandiosa e maravilhosa, Virgílio. O ser humano significa o ápice da obra do Criador, e todos detêm, em seu íntimo, a centelha divina cujo destino final será o fulgor de uma estrela cintilante na constelação do Senhor. Entretanto, no estágio em que a humanidade está, encontramos estrelas que já brilham pela bondade de seus corações, enquanto outras ainda conservam o escuro do cascalho embrutecido. Cristina é uma estrela com brilho próprio.*

Olhei extasiado para o infinito cósmico e minha visão se estendia na percepção de inumeráveis mundos luminosos na imensidão das nebulosas sem fim na majestosa obra da criação divina. Um dia o homem, desde o mais espiritualizado, até o mais embrutecido, também ocupará seu lugar no brilho cósmico da luz do Criador.

Os samaritanos do amor

Era mais uma tarde de estudos que se findava no grande salão contíguo à biblioteca Eurípedes Barsanulfo. Entretanto, eu mal conseguia me concentrar nos ensinamentos dos instrutores, pois a figura de Clarinda não me saía da mente. Estava realmente impressionado com aquele caso doloroso. Sabemos que não existe causa sem efeito nem efeito sem causa. Entretanto, o que poderia justificar tamanho rigor na aplicação das leis humanas? É verdade que Clarinda havia cometido um delito ao tentar roubar comida para seus filhos. Também era verdade que havia tentado se apoderar indevidamente de um brinquedo pensando em seus filhos. Também não havia como negar que reagira à voz de prisão. Entretanto, a pena aplicada àquela infeliz criatura havia sido de excessivo rigor diante de algo tão pequeno. Qualquer magistrado, no exercício da lei e da ordem, poderia, no uso do bom senso, esquecer momentaneamente o rigor da lei, considerando a insignificância da causa e liberá-la, pois, apesar do delito praticado, bastaria colocar-se no lugar de uma mãe desesperada na defesa de seus filhos. Quanto à tentativa de roubo, bastaria uma advertência severa considerando as atenuantes que o caso envolvia.

Clarinda sofria desesperada imaginando o que havia acontecido a seus filhinhos abandonados enquanto se encontrava presa. As hipóteses mais terríveis e dolorosas passavam por sua mente diante da possibilidade de tantos acontecimentos que costumam ocorrer no dia-a-dia de uma cidade grande, crua e impiedosa. A dor de uma mãe ou de um pai, quando perde um filho, é algo que não se pode descrever com palavras. Pior quando os filhos são ainda pequeninos e ficam ao léu, sem guarida nem amparo, como era o caso de Clarinda.

Lembrei-me de meu pai e de minha mãe, da dor e do sofrimento de meus genitores quando em minha meninice fui acometido por terrível doença, que hoje é conhecida como rotavírus[6]. Desenganado pela medicina, fiquei entre a vida e a morte por três longos dias e três longas noites. Papai passava as noites chorando silenciosamente ao lado do meu berço e mamãe se desesperava com a idéia de minha morte. Com a graça de Deus, sobrevivi chegando aos trinta anos de idade, quando eclodiu o câncer impiedoso que ceifou minha vida. Não tive filhos, mas após meu desencarne, lembro-me como mamãe sofreu com minha partida, bem como papai que derramou lágrimas de dor e saudades, pois, apesar de meus trinta anos, guardavam na memória a lembrança como se eu ainda fosse uma criança.

6. O rotavírus é um vírus que causa diarréia grave freqüentemente acompanhada de febre e vômitos. É hoje considerado um dos mais importantes agentes causadores de gastroenterites e de óbitos em crianças menores de cinco anos em todo mundo. (N.E.)

A ordem natural da vida é os filhos enterrarem os pais, mas quando essa ordem se inverte, e os pais enterram um filho, fica uma angústia torturante, uma dor inconsolável e um vazio imenso nos corações paternos na incompreensão da razão dos acontecimentos, com questionamentos sem respostas: por quê? Por quê? Por quê?

Pelo menos nestas circunstâncias, um pai e uma mãe sabem o destino do filho. No caso de Clarinda, a dor era muito mais intensa diante do desconhecido: qual o destino de seus filhos? Alguém os teria recolhido? E o filho doente? Onde estariam neste momento? Teria a graça de reencontrá-los algum dia? A tortura desmedida era a grande incerteza que martelava dia e noite sua mente, por desconhecer o que havia acontecido aos seus filhos, que deixara ao relento naquela fatídica noite.

O caso de Clarinda e de sua jovem defensora, a única com a qual ela podia contar num mundo de pessoas que, em sua maioria, não se preocupam com o sofrimento alheio, tornou-se também uma preocupação de minha parte. O que poderíamos fazer para auxiliar e inspirar a advogada e sua cliente? Não bastava conseguir a liberdade da sofrida mãezinha, havia também que se envidar esforços para encontrar o paradeiro de seus filhos.

Quando me encaminhei à sala do instrutor Pétrus, o generoso amigo já me esperava. Cumprimentou-me num abraço afetuoso e com um sorriso me esclareceu:

– Meu querido Virgílio, sei que seu coração está aflito com o caso de Clarinda e confesso que também me sinto penalizado com o sofrimento de nossa irmã. É nosso objetivo envidar os melhores esforços para

auxiliá-la, pois sua causa tem a simpatia da espiritualidade maior e, por esta razão, no decorrer de nossos estudos, vamos acompanhar de perto o desenrolar dos acontecimentos, atentos para que de uma forma ou de outra possamos colaborar na solução de um fato tão complexo e doloroso, sem esquecer entretanto que as leis não devem ser anuladas, em prejuízo dos próprios envolvidos. Não podemos olvidar, todavia, que a lei de misericórdia sempre se manifesta amparando e atenuando o sofrimento daqueles que, na sinceridade da oração íntima, buscam o Cristo como o sagrado refúgio para suas dores.

Com o coração tomado por reconfortante alegria, agradeci ao querido amigo. Notei que o instrutor também estava com os olhos úmidos de lágrimas e instintivamente o abracei comovido. Pétrus era um mestre do conhecimento, da Lei de Causa e Efeito, da ciência e da psicologia profunda. Aos meus olhos entretanto, era muito mais que isso: era um espírito que, a despeito de todo o seu conhecimento, tinha ainda conquistas mais importantes pela frente. Característica típica dos espíritos que já galgaram degraus mais elevados da evolução, o querido instrutor irradiava uma aura de humildade e amor contagiante. Realmente sentia-me como um aprendiz privilegiado que tem a bênção imerecida de estar a serviço do aprendizado, tendo como instrutor um grande mestre a serviço do Cristo, o Mestre dos Mestres.

Pétrus sorriu com minhas divagações, complementando:

– *Como já vimos anteriormente, Virgílio, São Paulo é uma cidade extremamente complexa. Entre farraparias e esplendores, encontramos todo tipo de irmãos nossos: os miseráveis, os marginalizados, os infelizes, os que ignoram o sofrimento, os que se preocupam apenas consigo mesmos, os sensíveis, os piedosos, os perversos, os impiedosos, aqueles que se encontram no estágio da criminalidade e da brutalidade, os que utilizam a inteligência e os cargos públicos para se locupletarem em detrimento do povo, os detentores do poder material, financeiro para destruir em vez de construir e os que decidem a vida do semelhante, fazendo cumprir as leis, sendo muitas vezes elas injustas. Assim são as leis, resultantes da própria fragilidade humana e o reflexo exato do estágio evolutivo em que nos encontramos. Entretanto, em meio a tantos problemas e sofrimentos humanos, existem aqueles que se dedicam à causa do próximo. Existem aqueles que, independentemente da religião que professam, em nome de Jesus, entregam-se à causa dos necessitados sem nenhum interesse de auferir algum tipo de vantagem. Existem criaturas, em que a centelha divina refulge em raios de luz, que estendem as mãos para minorar o sofrimento dos deserdados, dos esquecidos do mundo e dos poderosos. Hoje à noite iremos acompanhar um grupo muito especial: são os Samaritanos do Amor. É um grupo de irmãos abnegados, que desenvolveram um trabalho muito valoroso que objetiva auxiliar e recuperar irmãos de rua. Esse pessoal costuma sair pelas ruas nas noites mais frias, oferecendo um prato de sopa e leite quente. Mas não se restringe apenas a oferecer comida: costumam conversar com os necessitados, procuram entender o que acontece com essas pessoas que perderam o referencial da vida, oferecendo alternativas de trabalho, como iremos verificar* in loco. *Entretanto, antes faremos uma visita a um ser maravilhoso, um verdadeiro anjo de caridade que se encontra já quase no final de mais uma experiência terrena, a qual tem sido extremamente proveitosa: trata-se de Maria das Dores, conhecida em seu meio como das Dores.*

Quando aportamos na singela moradia de Maria das Dores, eram quase dezessete horas. O barraco encontrava-se localizado em meio a uma imensa favela que, a princípio, causava má impressão em virtude da precária situação de higiene pública, com lixo e esgotos a céu aberto. Entretanto, podia-se perceber que o ambiente da residência de das Dores refletia limpeza. Nossa irmã se preparava para a jornada de mais uma noite nas ruas de São Paulo, recolhendo papelão e materiais recicláveis, pois o resultado da venda era que gerava a receita que garantia seu sustento, agora agravado com duas bocas adicionais para alimentar.

Notei que o semblante de nossa irmã irradiava alegria e um novo alento, apesar de manifestar uma certa preocupação. O instrutor Pétrus esclareceu-me o que estava motivando alegria e, ao mesmo tempo, preocupação para das Dores.

– Das Dores sempre foi uma pessoa que soube levar a vida com sabedoria, a despeito de sua condição de dificuldades imensas. Apesar de sua aparência, das Dores não é uma pedinte, mas uma pessoa que, de uma forma ou de outra, encontrou no trabalho humilde e honesto a fonte de sustento para suas necessidades. No presente momento, com sua carroça, apanha papelão e outros materiais recicláveis pelas ruas auferindo parcos recursos os quais administra com sabedoria e raro bom senso, conseguindo inclusive economizar pequenas quantias para momentos de maior necessidade. Dotada de um sentimento fraterno, esquece-se muitas vezes de sua própria condição de penúria para auxiliar companheiros de rua que perderam a vontade de lutar e viver. Em casos que se justificam, das Dores lança mão de suas economias para auxílio fraterno. Um fato que nos comoveu, pois acompanhamos no

lado espiritual os passos de nossa querida irmã, foi quando ela lançou mão de suas economias, que totalizavam quase trezentos reais, para auxiliar na compra de uma carroça a um companheiro de rua, para que ele também pudesse apanhar papelão. Todavia, das Dores sempre foi uma pessoa solitária, às vezes mal interpretada por sua aparência prejudicada. Por isso o dito popular diz com muita propriedade: "quem vê cara, não vê coração", pois das Dores é uma criatura com um coração grandioso no sentimento do amor fraterno. Quando alguém questiona: como podemos auxiliar o próximo? Aqueles que lutam com dificuldades justificam a falta de recursos. Outros que possuem reservas financeiras privilegiadas sempre encontram desculpas e mais desculpas que justifiquem a falta da benemerência para se esquivarem, porque sempre encontramos motivos para não fazer o que não desejamos, o que justifica o dito popular que ensina com sabedoria que "o pouco com Deus é muito e o muito sem Deus não é nada". Das Dores, uma pessoa esquecida e desprezada pelos poderosos, consegue, com o fruto de seu humilde trabalho, juntar nas migalhas de materiais descartados, atirados ao lixo pela sociedade, os recursos para viver com modéstia e honestidade e, ainda com sacrifício, consegue economizar pequenas reservas financeiras que coloca a serviço do bem e da caridade quando sente ser necessário, sem apego, com alegria no coração. Esta é a prática da verdadeira caridade, pois das Dores não se importa em se desfazer de seus poucos recursos para auxiliar um irmão mais necessitado. Entretanto, ela, que sempre viveu na solidão, agora tem uma especial motivação: a presença de duas crianças que encheu de alegria seu pequenino casebre.

Após breve pausa, o instrutor prosseguiu:

– Entretanto, como um paradoxo, o motivo das apreensões de nossa irmã é exatamente a presença das crianças que, se por um lado é motivo de alegria, por outro também é de preocupação, pois não tem com quem deixá-los enquanto trabalha. Janete é uma amiga que a tem auxiliado na medida do possível, ficando com as crianças quando não tem plantão; entretanto, quando está em plantão noturno, das Dores se vê na contingência de levar as crianças consigo. Este fato tem causado problemas para nossa irmã, pois as crianças exigem cuidados e limitam suas atividades. E se a noite se apresenta muito fria, tem de retornar para casa mais cedo e isso tem afetado diretamente a receita para suas necessidades domésticas. Além do mais, Andrezinho acaba de se recuperar de uma forte infecção na garganta e não seria conveniente expô-lo à friagem da noite. Dessa forma, das Dores encontrava-se em uma situação bastante difícil que se agravava dia-a-dia.

Das Dores preparava-se para sair naquele momento. Observamos como ela cuidadosamente preparou, com um pequeno colchão, uma cama improvisada na qual poderia acomodar Julinho e André, mas percebia-se que o espaço para os papelões ficava bastante prejudicado. Antes de sair, a generosa anciã preparou um chocolate quente, colocando-o em uma garrafa térmica com alguns biscoitos. À sua maneira, procurava despertar nas crianças entusiasmo com o trabalho:

– Hoje vamos dar um passeio pelas ruas – dizia ela aos garotos. – Vocês verão como São Paulo à noite é bonita. Quantas luzes! E quando vocês tiverem fome, a gente pára em algum lugar para tomar chocolate quente e comer biscoitos.

As crianças pareciam já estar familiarizadas com das Dores. Julinho reagiu com entusiasmo:

– Oba, que legal, tia das Dores. Quem sabe a gente não possa dar uma passadinha no hospital para ver mamãe?

A boa velhinha sorriu com bondade, exibindo as falhas dentárias.

– Quem sabe? – respondeu evasivamente. – Tia Janete ficou de nos dizer quando ela estiver melhor para que possamos visitá-la. Vocês sabem que uma pessoa doente precisa repousar para ficar boa, não é verdade?

Julinho concordou com um aceno de cabeça. Das Dores então completou:

– Então vocês terão de ter um pouquinho mais de paciência até que tia Janete possa nos avisar e então iremos fazer uma visita à mamãe no hospital, está bem? Agora, antes de sair, vamos fazer uma oração ao Papai do Céu para que ele nos proteja, nos dê saúde e também cuide de sua mãezinha, está bem?

Andrezinho, que até então estivera calado, se manifestou:

– Tia das Dores, a senhora disse que o Papai do Céu nos dá vida e alegria. Eu quero pedir vida e alegria para minha mãe, porque ela está doente e estou com saudades dela.

Das Dores ficou emocionada. Seus olhos se encheram de lágrimas e ela abraçou as crianças com emoção, pois, apesar de todo seu amor e carinho, jamais teria como substituir o amor materno naqueles pequeninos corações. Os garotos envolveram o pescoço da anciã com um abraço espontâneo. Ao perceber as lágrimas nos olhos da velhinha, o esperto Julinho argumentou:

– Não chore, tia das Dores. Quando mamãe ficar boa, vamos pedir a ela para morarmos todos juntos.

– Ah! Meu filho, esse seria um sonho que eu peço a Deus todos os dias. Seríamos uma família, pobres mas felizes. Então vamos fazer nossa oração e pedir ao Papai do Céu as bênçãos, está bem?

A cena que se seguiu foi comovente. A anciã se ajoelhou com dificuldades diante da imagem do Cristo crucificado, sendo imitada pelos garotos que graciosamente se postaram com as mãos em sinal de oração. Das Dores proferiu uma singela prece que os meninos repetiam com a espontaneidade infantil:

– Papai do Céu, abençoa esta casa. Abençoa todos nós e nossa saúde. Abençoa todas as pessoas que necessitam de paz no coração, as criancinhas pobres e as pessoas necessitadas. Protege também os bichinhos, os passarinhos, os cachorrinhos abandonados.

No meio da prece, André reclamou:

– Vamos pedir para Jesus proteger também os gatinhos e os pombinhos porque eu gosto deles.

Julinho repreendeu imediatamente o irmão.

– Não interrompa a prece da tia das Dores, Andrezinho. Não sabe que é pecado interromper uma prece?

A boa velhinha interveio amorosa:

– Calma, Julinho, Andrezinho tem razão em pedir pelos pombinhos e pelos gatinhos abandonados. Jesus sempre gostou dos passarinhos, dos pombinhos, dos cachorrinhos e também dos gatinhos, de todos os animais, enfim. Por isso temos de orar ao Papai do Céu e a Jesus que estejam sempre conosco, pois assim também somos protegidos pela graça de Deus. Agora vamos pedir pela mamãe Clarinda, está bem?

Assim dizendo, prosseguiu na prece:

– E te pedimos também, Jesus, pela mamãe Clarinda, para que ela possa ser amparada com muito amor por sua bondade e misericórdia. Assim seja.

Os meninos estavam com os olhos orvalhados de lágrimas, pela menção do nome da mãezinha querida.

– Papai do Céu irá ouvir nossas preces, tia das Dores? – questionou Julinho.

– Sim, meus filhos queridos, Papai do Céu é bondoso e é ele que nos dá vida e alegria. Ele não se esquece de ninguém, principalmente das preces amorosas das crianças. Papai do Céu ama todas as criancinhas.

O ambiente daquele pequeno casebre estava resplandecente de luzes. A prece simples proveniente da fé sincera de corações puros ascende as esferas elevadas da espiritualidade, encontrando na sintonia do amor a resposta para todos nossos questionamentos. Naquele momento, das Dores e aqueles pequeninos eram agraciados e envolvidos na luz do amor do Cristo que resplandece em todos os recantos nos quais existe a presença do amor verdadeiro. Não pude deixar de registrar o pensamento que me ocorreu naquele momento: vós que entendeis que a riqueza material e as posses egoístas justificam todos os meios, um dia entenderão o que nenhuma aquisição material egoísta pode proporcionar: a felicidade dos corações puros que encontram, nas pequeninas coisas da vida, a alegria que somente a paz do Cristo pode proporcionar.

O instrutor sorriu diante do meu pensamento espontâneo.

– *Tem razão, Virgílio, pois não existe dinheiro nem posses materiais que possam conquistar a paz de espírito nem a alegria sincera do coração puro. Essas criaturas são simples e humildes, encontram-se em um local de miséria e extrema pobreza, mas as bênçãos do Criador as envolvem na verdadeira paz de espírito, pela fé sincera que existe em seus corações. Não existe nenhum recurso monetário no mundo que possibilite a aquisição de um minuto de paz e luz do espírito.*

Acompanhamos das Dores e as crianças que, felizes, se acomodaram no acanhado veículo improvisado. Naquele instante, esqueceram todos os problemas que afligiam seus pequeninos corações para se entregarem aos divertimentos inocentes, típicos das crianças:

– Olhe, tia das Dores – comentava Julinho, apontando com seu dedinho indicador –, está passando um avião no céu; que lindo! Mas barulhento – observou logo a seguir.

Mal deu tempo para que das Dores respondesse com um sorriso de satisfação para que o garoto começasse novamente a tagarelar sem parar, observando a beleza da luz solar, que já se inclinava no horizonte por trás dos prédios, naquela tarde de outono em que o dia se despedia, mais uma vez, para dar lugar às sombras da noite.

– Olhe o céu como está lindo, tia das Dores. O céu hoje está muito brilhante, colorido, quase não consigo olhar para o sol. Acho que o dia está tão lindo porque a senhora disse que o Papai do Céu está feliz, não é, tia? Olha aquela nuvem, parece um floquinho de algodão rosado. Não é lindo tudo isso, tia das Dores?

Por que o Papai do céu se chama Papai do Céu? É porque ele mora lá no alto do céu junto às nuvens?

Das Dores sorria satisfeita. As crianças davam uma nova motivação em sua vida. Naquele momento, sentia-se fortalecida e disposta a lutar com todas as suas forças para superar suas dificuldades.

Andrezinho estava agitado para falar alguma coisa também. Logo em seguida, apontou com seu dedinho:

– Tia das Dores, olhe uma pombinha branca bem na nossa frente. Ela também não é linda?

– Sim, meus filhos, as pombinhas são criaturas de Deus, por isso elas são lindas e mansinhas.

Das Dores seguia feliz pelas ruas, sorrindo, como se naquele momento fosse a mulher mais ditosa do mundo. Dinheiro fazia falta? Lógico que fazia, mas não era tudo. "Existirá na vida sempre uma solução quando se tem fé no coração", pensava consigo mesma, "e, então, haverá de existir uma saída também para meu caso. Resta apenas encontrar a oportunidade", pontuava em seu pensamento. "Oh! Senhor, auxilia-me, pois neste momento não sou apenas eu. Tenho agora duas crianças que dependem de mim".

O sol já se escondia e, aos poucos, as sombras da noite começavam a cair sobre a grande metrópole paulistana. As primeiras luzes se acenderam nas ruas apagando o brilho das estrelas que deveriam, naquele instante, estar brilhantes, saudando a grandeza e a beleza da criação divina.

Das Dores já havia percorrido grande distância, acomodando com cuidado os papelões apanhados na parte de trás da pequena carroça. Andrezinho já havia se deitado no pequeno colchonete embalado pelo suave sacolejar da carroça, puxada com cuidado por sua condutora, adormecendo profundamente. Entretanto, Julinho continuava lépido e tagarela, demonstrando que aos poucos já estava aprendendo os segredos do trabalho de sua protetora:

– Olha lá na frente, tia das Dores. Acho que lá tem um montão de papelão amontoado junto àquele prédio.

Em nosso trajeto, não podia deixar de observar os mais variados quadros de miséria a nossa volta. Quando passamos na região do Arouche, embaixo do Elevado Costa e Silva, notei a presença de muitos mendigos em condições de verdadeira miséria estendidos embaixo da marquise improvisada. Atento a minha observação, o instrutor não deixou de registrar precioso ensinamento:

– *Quando falamos em miséria, Virgílio, é bom que uma observação se faça: todos esses nossos irmãos se encontram em situação de pobreza e miséria. Também nossa irmã das Dores é pobre e passa por duras privações. Entretanto, existe uma grande diferença entre eles. Na vida desses nossos irmãos, por algum motivo, seja ele qual for, houve, em um momento específico, algum fator determinante que os levou a esquecer que também são humanos, que também são filhos de Deus, que têm, em seu íntimo e sua natureza, a centelha divina que reserva todas as possibilidades do espírito e se transformaram em verdadeiros farrapos humanos, criaturas que perderam a vontade de lutar e viver. É exatamente o que faz a diferença no caso de das Dores. Apesar de todos os problemas, a despeito de todas as dificuldades que assolaram sua vida, ela jamais deixou de lutar e acreditar que vale a pena viver. A atitude de das Dores é que faz a grande diferença, pois, apesar de todos os problemas, mesmo com a idade avançada, ela sai pelas ruas transformando em trabalho útil sua humilde atividade, angariando recursos que permitem que ela viva sem perder a dignidade. Infelizmente, estes nossos irmãos chegaram a um ponto em que se encontram psicológica e espiritualmente em degrau tão baixo que até se esquecem da própria condição humana. A verdade é que cada espírito reage de forma diferente diante dos duros obstáculos da vida. Lamentavelmente esses irmãos encontram-se transitoriamente em estado psicológico de prostração de tal forma que renunciaram à luta, entregando-se ao abandono de si mesmos.*

Tomado por um sentimento de piedade, observava a condição de absoluta penúria daqueles irmãos, enquanto o instrutor prosseguia em seus apontamentos:

– *É importante que possamos sempre analisar o sábio ensinamento do divino amigo quando nos recomendou: "Pelo contrário, em primeiro lugar busquem o Reino de Deus e a sua justiça, e Deus dará a vocês, em acréscimo, todas essas coisas. Portanto, não se preocupem com o dia de amanhã, pois o dia de amanhã terá suas preocupações. Basta a cada dia a própria dificuldade"*[7]*. Nesse aspecto temos de compreender as grandes diferenças na vida, pois muitos se equivocam entendendo que basta apenas a fé inabalável para resolver todos os problemas. Jesus nos disse que buscássemos o reino de Deus e sua justiça com confiança no coração. Enfatizou ainda o Mestre que o futuro pertence ao Criador porquanto, a cada manhã, tudo se renova, na luz de Deus que nos ilumina e aquece pois, a cada dia, basta seu mal. Quer dizer, não podemos ficar remoendo os problemas e os levando adiante indefinidamente.*

7. Mateus, 6: 33, 34. (N.A.E.)

Recomecemos nosso esforço perseverando no bem a cada manhã na graça de Deus, porque o amanhã a Deus pertence; todavia, no dia de hoje, compete-nos a atitude firme e decidida para que o amanhã seja mais promissor que o dia que se passou. Esta que é a grande diferença em cada um de nós: a atitude e a ação decidida contribuindo para um amanhã melhor.

Registrei aquela interessante observação do instrutor, acreditando que realmente existe um equívoco em muitas pessoas quando pensam que não devemos nos preocupar com o amanhã. Realmente, devemos confiar em Deus que tudo provê em sua misericórdia, mas espera que cada um de nós tenha atitude e ação para que tenhamos um futuro mais promissor.

Passava da meia-noite e Julinho também havia adormecido sobre o colchonete quando das Dores chegou a um grande viaduto, ao lado de importante avenida da capital paulista. A anciã acomodou seu veículo sob a proteção da marquise, observando as duas crianças que dormiam serenamente, acomodadas no exíguo espaço do veículo. Acariciou seus cabelos e os beijou com lágrimas nos olhos. Sentia pena das crianças e pensou que seria um desconforto muito grande dar continuidade em seu trabalho, de forma que as cobriu cuidadosamente e sentou-se ao lado delas pensando no que fazer.

Naquele instante, aproximaram-se outros mendigos, homens e mulheres, e ao observarem duas crianças adormecidas na carroça, ficaram admirados. Por instantes esqueceram sua própria desventura, iniciando um interessante diálogo. O instrutor e eu acompanhávamos com interesse, observando a distância:

– Vamos ouvir com atenção, Virgílio, porque para nós trata-se de interessante aprendizado.

Aquiesci respeitoso enquanto observava atentamente tudo que ocorria ao nosso redor.

– Nossa – exclamou admirada uma mulher maltrapilha –, estas crianças são muito bonitas, dona. O que são da senhora? – perguntou dirigindo-se a das Dores.

Das Dores sorriu satisfeita com o tom de admiração de sua interlocutora. Tinha vontade de dizer: são meus filhos, não porque os gerei, mas porque os estou criando com carinho e amor. Eles são meus filhos! Entretanto, não se sentiu confortável em dizer a verdade para não despertar nenhum sentimento desnecessário. Optou por uma meia-verdade.

– São quase meus filhos. Na verdade são filhos de uma amiga minha que faleceu. Os pobrezinhos ficaram abandonados e então peguei-os para cuidar. São realmente lindos e eu seria capaz de dar minha vida por eles.

A pobre mulher sorriu diante da observação de das Dores. Parecia que recuperava naquele momento um sentimento há muito perdido em seu coração. Fez menção de acariciar as crianças, mas logo em seguida retraiu a mão. Com lágrimas nos olhos, comentou:

– A senhora é uma pessoa piedosa, bem se vê. Pode ficar tranqüila que não vou tocar em seus filhos, pois sei que minhas mãos não estão limpas. Me perdoe, é que me lembrei de meus filhos que os perdi ainda muito novos. Estávamos andando pelas ruas quando um carro invadiu a calçada e nos atropelou. Não sei por que continuei viva, pois minha vontade era morrer junto com meus filhinhos queridos. Perdi a vontade de viver, dona. Como se chama? Meu nome é Maria do Rosário.

– O meu nome é Maria das Dores, mas todo mundo me conhece como das Dores. Pode me chamar de das Dores também.

Neste instante, outro mendigo se aproximou, curioso. Era interessante observar aquela pequena platéia de pessoas deserdadas, cuja aparência era sofrível pelos andrajos que as cobriam. Entretanto, a conversa se desenrolava de forma respeitosa.

– Como você consegue ainda trabalhar com duas crianças pequenas para cuidar? – questionou um dos mendigos. – Ouvi seu nome, das Dores, muito prazer, meu nome é Sebastião dos Santos a seu dispor – se apresentou estendendo a mão.

Das Dores cumprimentou o novo amigo e a conversa continuou animada.

– É um desafio grande, Sebastião, mas tenho de me virar porque são mais duas bocas para sustentar.

– Olha, vou lhe dizer uma coisa – comentou de forma solene o novo amigo – acho que todos nós temos de encontrar um motivo para viver. Eu sempre falo para a Rosário que deveria adotar uma criança. Ela teria um novo motivo para viver.

Rosário olhou para Sebastião e fez um sinal para das Dores que ele não batia bem da cabeça.

– Já pensou, das Dores, na miséria em que vivo, dormindo embaixo de pontes e viadutos, que não consigo nem comida para meu sustento, pegar uma criança?

Sebastião corrigiu, querendo mostrar que era letrado.

– Ela não me entende, das Dores, é por isso que a gente sempre fica discutindo. Eu disse "adotar" e não "pegar" uma criança. É uma diferença muito grande. Adotar é legal por lei e pegar é crime. Eu já fui advogado! Advogado não, causídico! – gabou-se.

– Você deve é ter sido contador de "causos", e não causídico – zombou Rosário.

Das Dores sorriu diante da discussão infrutífera dos dois novos amigos. Para acabar com a discussão, pediu licença, pois estava com fome. Tirou um pedaço de pão do alforje e ofereceu aos novos amigos. Sebastião se manifestou imediatamente:

– Não, das Dores, não coma seu pão agora não. Fique aqui conosco um pouquinho mais porque daqui a pouco costuma vir um grupo de samaritanos que nos trazem sopa quente e leite com chocolate. Assim você economiza seu alimento.

– É verdade? Que bom, porque estou precisando mesmo economizar.

Rosário sentou-se ao lado de das Dores e comentou:

– Sabe, das Dores, bem que eu queria mudar de vida, mas para mim está muito difícil. O que vou fazer na vida? Não tenho mais ninguém. Na verdade, vendo você com estas crianças e sua carroça apanhando papelão pelas ruas, vejo que eu também poderia fazer alguma coisa em vez de ficar perambulando pelas ruas como pedinte inútil.

Das Dores sorriu, pois parecia que ela era a pessoa destinada a auxiliar o próximo. E como desejaria fazer alguma coisa. Mas como? Agora a situação ainda se encontrava mais difícil ainda.

– Você ainda acredita em Deus, Rosário?

A pedinte com os olhos marejados de lágrimas meneou afirmativamente a cabeça.

– Acredito, das Dores, mas confesso que nem sei há quanto tempo não tenho mais pensado em Deus. Ele me parece muito distante das pessoas que sofrem, deste mundo em que vivo. Às vezes até me pergunto se realmente Ele existe, mas, mesmo assim, ainda acredito n' Ele.

– Então, tenha confiança, pois Deus nunca me faltou. Se você fizer um esforço para buscar a Deus, ele também vai te valer, pode acreditar.

A conversa entre as duas estava animada enquanto os demais se encontravam adormecidos, enrolados em suas cobertas sobre o chão duro da madrugada fria. Era quase duas horas da manhã quando dois veículos utilitários estacionaram ao lado do viaduto.

Rosário chamou a todos porque a sopa acabara de chegar.

– Acordem, acordem, os samaritanos acabaram de chegar e a sopa parece que está muito boa. E o cheiro está muito gostoso.

Diante do chamado, o pessoal acordou rapidamente, posicionando-se para receber o prato de sopa.

Realmente, o cheiro recendia. Dos veículos, desceram meia dúzia de samaritanos vestidos com aventais brancos. À frente do trabalho, uma senhora na casa dos quarenta e poucos anos se destacava por seu porte elegante e fisionomia de rara beleza, apesar de apresentar-se vestida com simplicidade. Percebia-se que era uma pessoa de elevado grau de cultura e educação, o que não a impedia entretanto de comandar um grupo com simplicidade.

Imprimia ao seu comando uma aura de disciplina carinhosa, criando um clima de harmonia e amizade que se irradiava pelo grupo de trabalhadores, em sua maioria jovens, que se postavam ágeis distribuindo pratos e copos de plásticos aos necessitados que se perfilaram diante dos veículos.

O instrutor esclareceu-me a respeito do grupo:

– Esta senhora que está à frente deste grupo é nossa Irmã Marcelina. Ela dirige uma casa espírita, que sabe aliar a teoria dos estudos com a prática da caridade. Dessa forma, ela criou o grupo Samaritanos do Amor, que se dedica a levar um alento aos necessitados que dormem nas ruas, distribuindo cobertores no período de inverno e rotineiramente oferecendo alimentos, como sopa, leite com chocolate, o que representa verdadeiro banquete para muitos, porquanto estes adormecem sem nada no estômago. O grupo de auxiliares se reveza, mas Marcelina está sempre à frente de tudo, acompanhando passo a passo os trabalhos de cada noite.

Enquanto o instrutor me esclarecia, observei a equipe espiritual que acompanhava nossos irmãos em sua tarefa socorrista. O dirigente espiritual era Glaucus, um grande amigo nosso, muito querido, instrutor da Colônia Irmão Nóbrega, um espírito de elevada envergadura nas lides espirituais. Cumprimentamo-nos com alegria enquanto no plano material o trabalho prosseguia.

Observei interessado que, enquanto os jovens atendiam fraternalmente, com carinho e respeito os necessitados, Irmã Marcelina procurava ir além do atendimento material, aproximando-se dos infelizes, conversando com cada um, dando atenção e se interessando por seus problemas. Parecia que ela já conhecia cada um daqueles irmãos e, ao observar que naquele dia havia a presença de uma pessoa diferente, dirigiu-se a das Dores com respeito e bondade.

– Boa noite, minha irmã. É a primeira vez que a vejo, de onde você é? Qual o seu nome? O meu é Marcelina.

Das Dores sentiu-se encorajada pelo interesse daquela senhora cuja bondade a cativou de imediato.

– Boa noite, Irmã Marcelina, a senhora não me conhece, mas eu já tinha ouvido falar da senhora. Na verdade eu estava aqui só de passagem, mas resolvi esperar pela sopa, por recomendação de minha amiga Rosário. Meu nome é das Dores.

– Fez bem em ficar, minha irmã. Estou vendo que a senhora é uma pessoa que trabalha, tem uma carroça carregada com papelão e materiais para reciclagem. Vejo também que tem duas crianças adormecidas em sua carroça.

– É uma longa história, Irmã Marcelina. Se a senhora tiver paciência para me ouvir, gostaria de falar de minhas preocupações, porque me acho em um momento muito difícil. Sei que a senhora tem ainda muitas tarefas para realizar, pois ainda há tantos necessitados a atender e que talvez meu caso não mereça tanta atenção, mas se puder fazer a caridade de me ouvir já me sentirei feliz porque sei que a senhora é muito bondosa.

Irmã Marcelina olhou para a fisionomia sofrida de das Dores e sentiu-se tomada por profunda simpatia. Sentiu naquele momento que aquela mulher de rua poderia ter a aparência prejudicada de uma maltrapilha, mas irradiava bondade e firmeza de caráter. Aquele rosto vincado pelas marcas do tempo, os cabelos embranquecidos e desalinhados, o sorriso espontâneo exibindo as falhas dentárias, contrastava com a luz que irradiava de seus olhos. A samaritana do amor estendeu as mãos e tocou de forma carinhosa o rosto de das Dores, respondendo de forma carinhosa:

– Tenho todo o tempo do mundo para ouvir, minha irmã. Fale com seu coração porque estou a serviço de Jesus e o Cristo nos ensinou que deveríamos estender as mãos a todos nossos irmãos do caminho.

Emocionada, das Dores abaixou a cabeça e chorou. Percebeu naquele momento que deveria abrir seu coração e contar toda verdade, suas angústias e seu drama. Certamente Irmã Marcelina era a pessoa enviada por Deus como resposta às suas preces. Dessa forma, relatou como havia encontrado e acolhido André e Julinho abandonados na rua. Falou de sua alegria com a presença dos pequeninos e o problema de como trabalhar para poder manter sua casa com duas crianças que exigiam mais recursos do que era capaz. Chorou sua angústia e preocupação pelo medo de perder a guarda das crianças, se houvesse alguma denúncia ao Conselho Tutelar. Sabia que seu casebre era pobre, mas honesto, e as crianças seriam bem cuidadas. O que poderia acontecer se elas lhe fossem tomadas e levadas para alguma unidade do Estado? Das Dores não podia suportar a idéia de perdê-las pois agora representavam a grande motivação de sua vida.

Irmã Marcelina ouviu atentamente a história de das Dores e, quando esta concluiu sua narrativa, chamou todos à sua volta, samaritanos e mendigos:

– Meus irmãos, aqui temos um verdadeiro exemplo de vida: vejam vocês esta nossa irmã – disse apontando para das Dores.

– Esta mulher é uma pessoa que luta com dificuldades, passa por privações, sofreu e ainda sofre todas as tormentas da vida. Entretanto, jamais deixou de lutar e, apesar de todos os problemas, foi capaz de amparar duas crianças abandonadas, saindo pelas ruas para ganhar o sustento com o fruto de seu trabalho. E observem bem, trata-se de uma senhora com idade já bastante avançada. Isso é um exemplo para todos nós. Deus nos auxilia sempre, mas temos que fazer nossa parte, porque as coisas não caem simplesmente do céu. Deus nos oferece alternativas, mas temos que lutar pelas oportunidades.

Em seguida, voltando-se para das Dores, concluiu:

– Das Dores, vou deixar o endereço de nosso grupo de estudos para que você me procure amanhã à tarde, porque acho que tenho uma boa solução para seu problema. E tem mais: os que se dispuserem e lá comparecerem podem ter certeza que, em nome do Cristo, iremos auxiliá-los de alguma forma.

Maria do Rosário parecia estimulada diante daquela oportunidade.

– Perdão, Irmã Marcelina, eu também posso ir?

– Claro que pode. Qualquer um de vocês que ainda tem fé no coração e disposição para trabalhar e aprender pode comparecer no endereço que terão uma nova oportunidade de trabalho.

Concluída a tarefa, a caravana dos samaritanos seguiu seu curso e também nos despedimos de Glaucus e dos demais amigos de nossa esfera.

– *Até daqui a pouco* – despediu-se Glaucus, dirigindo-se ao instrutor.

Enquanto o grupo desaparecia na noite fria da madrugada paulistana, observamos que das Dores estava feliz, prosseguindo em animada conversa com seus amigos:

– Meu Deus! Tenho certeza de que finalmente o Senhor me enviou um anjo que possa resolver meu problema. Obrigada, Senhor! – agradecia em prantos.

Sua amiga Rosário também parecia estimulada:

– Das Dores, você acha que Irmã Marcelina poderá também me auxiliar?

– Mas você ainda tem alguma dúvida? Foi ela mesma quem disse. Eu tenho certeza, Rosário, de que esta é uma oportunidade que nenhum de vocês pode perder. Parece-me que Irmã Marcelina nos oferece uma oportunidade de trabalho rara em nossas vidas.

Rosário e Sebastião pareciam motivados com a possibilidade. O ex-advogado parecia buscar, nas reminiscências mais profundas, velhas lembranças que pareciam adormecidas e que agora tomavam vida e cor novamente. Com o rosto intumescido e abatido pelo efeito da bebida, Sebastião exibia um sorriso macilento.

– Meu Deus – balbuciou, incrédulo, que a vida ainda lhe reservava uma réstia de esperança –, será que ainda terei a graça de me reabilitar?

– Depende apenas de você, companheiro – profetizou, convicta, das Dores. – Irmã Marcelina nos deu o endereço, mas se não tivermos disposição para nos levantar e caminhar, tudo será em vão.

– Eu por mim já decidi – concluiu de forma decidida Rosário. – Amanhã estarei lá.

– Então lá nos encontraremos com a graça de Deus – despediu-se das Dores. – Boa noite a todos. Vou agora retornar à minha casa porque tenho certeza que amanhã será um dia abençoado.

Combinaram o local do encontro para o dia seguinte e, em seguida, das Dores afastou-se com sua carroça e com o coração cheio de esperança enquanto Rosário e Sebastião ficaram em animada conversa. Era interessante observar que ambos haviam mudado completamente a postura. Parecia que aquele breve encontro com Irmã Marcelina havia produzido efeito extremamente positivo em ambos, fazendo renascer uma chama de esperança há muito apagada naqueles corações.

Todavia, se, por um lado, Rosário e Sebastião pareciam animados com as possibilidades de mudança de vida, os demais, por outro lado, pareciam mais preocupados apenas em atender a necessidade imediata do corpo físico e em poucos minutos, pois a maioria se encontrava adormecida sob o chão duro e frio, ao relento da madrugada inóspita e gélida de final de outono.

Eram aproximadamente quatro horas da madrugada e o instrutor informou-me que ainda tínhamos um compromisso de estudos de forma que nos elevamos no espaço em rápido deslocamento volitivo[8] em direção à nossa colônia. A brisa fresca da madrugada acariciava meu rosto enquanto que, com o coração

8. Volitação: como alguns espíritos denominam o deslocamento do espírito desencarnado no plano espiritual. (N.E.)

emocionado, eu fazia uma prece silenciosa ao Senhor da Vida por tantas bênçãos recebidas em meu caminho.

As constelações e nebulosas infinitas rodopiavam na imensa abóbada cósmica nos acenando na alegria do Criador.

Uma noite de aprendizado

Quando chegamos ao grande salão do edifício Ensinamento para Todos os Planos, observei que este estava completamente lotado com irmãos provenientes de nossa esfera, e muitos outros da esfera material, na condição de encarnados, desprendidos pela ação do sono.

Pétrus era aguardado com grande expectativa e, quando adentramos o recinto, o instrutor foi saudado carinhosamente. Enquanto o querido amigo se dirigia à tribuna para proferir os ensinamentos da noite, percebi que alguém havia me reservado um lugar na fileira da frente. Fiquei surpreso, pois era Irmã Marcelina que carinhosamente me acenava.

Acomodei-me a seu lado, feliz pela oportunidade tão alvissareira. Estava curioso, considerando que ainda, poucos momentos antes, nossa irmã estava envolvida em tarefa de caridade na matéria. Irmã Marcelina apenas sorriu dizendo:

– O espírito que trabalha a serviço do Cristo não escolhe hora nem lugar para servir. Foi um dia de muitas atividades que se estenderam noite adentro no atendimento fraterno. Fisicamente encontrava-me cansada e tão logo retornei à minha casa, adormeci e aqui estou. Enquanto meu corpo material repousa, retempero minhas forças com energias revigorantes absorvidas em reuniões como esta. Quando aqui cheguei, Irmão Glaucus pediu-me que reservasse este lugar para você. Ele me informou qual o objetivo de seus estudos e os achei muito oportunos nos dias em que vivemos, Virgílio.

Agradeci a gentileza de Irmã Marcelina, pois, naquele momento, o instrutor iniciava sua preleção:

– *Meus irmãos em Cristo, boa noite* – cumprimentou. – *Cada um de nós, na condição de espírito imortal, trazemos em nossa essência a natureza do próprio Criador. Cada qual é uma centelha divina que, em determinado momento da criação, o Senhor, em instante de sublime inspiração, nos concedeu o dom de existir por intermédio do divino sopro, insuflando-nos a vida. Para termos uma idéia do que isto representa, apenas na dimensão terrena, somamos dezenas de bilhões de espíritos, encarnados e desencarnados que gravitam entre uma existência e outra, cada qual em estágio evolutivo diferenciado, mas o Pai reconhece cada um como filhos queridos que somos, pois guarda em sua memória a lembrança de cada um já que trazemos, em nossa natureza, o DNA do Divino Criador. O Pai Misericordioso nos facultou recursos e possibilidades infindáveis para que em nossa trajetória evolutiva pudéssemos encontrar o caminho evolutivo que nos conduz de retorno ao seu seio, quando por intermédio dos milhões de anos incontáveis, o ser humano se desvencilhar das amarras da imperfeição que ainda o aprisionam em estágios de sofrimento, tribulações e dor. Entretanto, nosso destino é grandioso e todos somos destinados à perfeição quando pelo esforço de cada um, na longa caminhada evolutiva, retornarmos um dia ao seio do Criador na condição da angelitude conquistada por meio de leis perfeitas que nos concedem oportunidades maravilhosas na seqüência das reencarnações sucessivas, em experiências ricas de aprendizado, seja pelo amor ou pela visita da dor. O espírito, em sua longa caminhada, vai aos poucos se despindo de suas pesadas amarras, se desvencilhando dos sentimentos grosseiros e egoístas, vencendo em seu íntimo instintos primitivos e, aos poucos, os vai substituindo por sentimentos mais elevados a altruístas, esquecendo de si mesmo para se dedicar ao bem-estar do próximo, pois descobre que quanto mais serve ao próximo, mais se beneficia, quanto mais se desprende das amarras materiais egoístas, mais alegria encontra para si mesmo, quanto mais estende as mãos, mais felicidade encontra em seu coração porque ascende às vibrações mais elevadas na sintonia do amor do próprio Criador. Dessa forma, observamos que ainda estamos muito distantes da felicidade plena pois ainda não aprendemos a amar de verdade, porque ainda não somos capazes de renunciar, nas pequeninas questões do dia-a-dia, em favor de nossos semelhantes, ainda não temos a capacidade de perdoar incondicionalmente, e ainda envenenamos nossa existência com questões pessoais de pequena monta, dando uma dimensão desproporcional aos problemas que nos afligem, ainda não conseguimos fazer a caridade como nos recomendou Jesus, de forma que a mão esquerda não saiba o que faz a direita, nos afligimos em demasia com o dia de amanhã preocupados apenas em amealhar bens que a traça corrói e a ferrugem consome, porque nos tornamos infelizes com a felicidade do vizinho e nos deixamos entorpecer com sentimentos de inveja, entregamo-nos ao prazer mesquinho da maledicência, desejamos mais e mais obter vantagens ilícitas e levar proveitos indevidos em tudo. Esquecemos que nada nos pertence, que tudo é um empréstimo temporal que Deus nos concede, que somos simples administradores e usufrutuários dos bens que conquistamos por herança, por trabalho ou qualquer outro meio. Esquecemos que nada possuímos de verdade, que tudo é extremamente fugaz e passageiro e que apenas levamos conosco as aquisições do espírito e as virtudes conquistadas. Tudo fica para trás na ilusão transitória da vida material e, o espírito que não soube administrar seu patrimônio com sabedoria, sofrerá as conseqüências de sua própria imprudência, pois não encontrará do lado de cá a paz tão desejada, simplesmente porque a paz não se encontra em seu coração. Sofrerá ao perceber que os títulos, as honrarias, os cartões de crédito, os cheques especiais e os bens acumulados não terão nenhuma serventia, apenas representarão uma amarra impiedosa que o mal administrador se atrela como prisioneiro de si mesmo e de suas vaidades e do desejo desmedido da posse. O espírito ainda se agita, se atormenta e sofre em demasia quando se encontra no estágio do egoísmo excessivo, mas liberta-se encontrando o verdadeiro sentido da vida, da alegria e da felicidade na medida em que compreende que só será feliz quando seu próximo também for feliz. Nesse estágio, o espírito encontra genuíno prazer em amar e verdadeira alegria em servir fazendo de cada experiência reencarnatória sincero canteiro de caridade enfeitando a existência, dando um real colorido à vida, amando, servindo e seguindo em frente, sem esperar agradecimentos, nem olhar para trás. Neste estágio, o espírito não mais se envaidece com conquistas temporais, nem se deixa dominar pelo poder do mando transitório, nem se abate diante das dificuldades, consciente de que tudo são experiências enriquecedoras na grande escola da vida.*

Nessa etapa, se o espírito reencarna na condição de favorecido em bens materiais, será aquele que não se corromperá e, apesar da riqueza, terá humildade para dedicar seus recursos em favor dos mais necessitados e terá a grandeza de dedicar o patrimônio mais escasso de sua vida, que é seu próprio tempo, em favor de obras para o bem coletivo. Entretanto, se neste estágio o espírito reencarna, em experiências redentoras das dificuldades materiais, saberá viver com dignidade e grandeza de espírito, sem desonrar sua conduta moral nem se entregar ao desespero nos momentos das provações mais dolorosas, sabendo fazer de cada momento de dificuldades, oportunidades de crescimento e progresso de forma que, cada provação vivida se transforme em sólidos testemunhos de fé, confiança e perseverança que contribuem ainda mais para seu fortalecimento espiritual, servindo de exemplo com autoridade de quem conhece a dor e as tribulações do próximo. Nessa condição, o espírito traz em seu íntimo a centelha divina que já se manifesta iluminando o espírito com a beleza da luz que se irradia graciosa pela conquista das virtudes da alma. Em nossas experiências de estudos e aprendizado da natureza humana, temos encontrado exemplos dignificantes de irmãos queridos, encarnados em tarefas definidas de aprendizados maravilhosos em todos os sentidos. Criaturas que encarnaram com a difícil prova da riqueza material e que não se deixaram envaidecer nem se envolver nas armadilhas que o poder e a riqueza representam para aqueles que se deixam seduzir pelos enganos da vida, fazendo da riqueza que corrói e corrompe mentes invigilantes oportunidades valiosas para servir e amar com desprendimento, como verdadeiro trampolim para ascensão espiritual. Seres que, a despeito das posses materiais que aprisionam e escravizam as mentes egoístas, dão o real valor à riqueza, gerando verdadeiros celeiros de oportunidades, construindo um mundo melhor, edificando um futuro mais promissor, porque não se deixam escravizar pelas posses transitórias da matéria, investindo na melhoria do ser humano, por meio de obras grandiosas ou simplesmente em pequenas atitudes edificantes que permitem levantar os caídos e amparar os necessitados. Encontramos, também, irmãos em estado de verdadeira penúria e dificuldades mas que, mesmo assim, sabem viver com dignidade, servindo como exemplos maravilhosos por intermédio de gestos, atitudes que fazem a grande diferença aos mais fracos que ainda não conseguem se libertar do emaranhado que o próprio espírito cria para si mesmo. A reencarnação, meus irmãos, é um instrumento da justiça divina que permite ao espírito imortal oportunidades redentoras para seu progresso espiritual por meio das experiências sucessivas, aprendendo, sofrendo, amando, sorrindo, caindo, levantando-se, morrendo e revivendo, progredindo sempre em direção ao seu destino final, que é a perfeição. Quantas vezes, acompanhamos irmãos que ainda no plano espiritual, no estágio que antecede à experiência valiosa da reencarnação, sentem-se fortalecidos e bem intencionados em relação às realizações de sua próxima existência. Mergulham na matéria preparados para experimentar as provações que eles mesmos escolheram e para as quais estão devidamente preparados para vivenciar, mas muitas vezes fracassam. É necessário termos conhecimento de que na matéria tudo é mais complexo e, por esta razão, sabemos, no intervalo que separa uma encarnação da outra, que o espírito evolui e aprende, mas é apenas na condição de encarnado que efetivamente o espírito demonstrará se alcançou o progresso como conquista real das virtudes ou não, pois é na matéria que passa pela forja incandescente e demonstra no cadinho das provações a verdadeira têmpera de sua personalidade, pois enquanto nos encontramos desencarnados em estágio de aprendizado nas colônias espirituais, amigos nos auxiliam e nos amparam dando-nos força e coragem e, dessa forma, encontramos o ambiente ideal para nosso fortalecimento íntimo, pois as vibrações são homogêneas e harmônicas. Todos os pensamentos são voltados ao bem, ao desejo sincero do aprendizado, das boas intenções, de auxílio mútuo, de paz e alegria. Entretanto irmãos, quando reencarnamos, o ambiente é diverso: a competição é acirrada, se estabelece desde a infância e se estende por toda a vida no ambiente profissional. As vibrações são heterogêneas e as tentações nos colocam à prova a todo instante. As dificuldades materiais nos batem à porta, as dores e as tribulações nos assolam a todo momento e é neste palco que realmente o espírito irá viver e ratificar seu aprendizado espiritual e a conquista das virtudes, se já superou ou não antigas falhas arraigadas em seu íntimo. É reencarnado que o espírito reencontrar-se-á com amigos queridos do passado e também com velhos desafetos. É na matéria que o espírito experimentará nas atitudes do dia-a-dia se realmente alcançou progresso ou ainda terá de vivenciar outras experiências. Irmãos queridos, o que gostaria de dizer-lhes é que o progresso espiritual se conquista palmo a palmo em lutas difíceis e constantes, lutando muitas vezes contra nosso próprio íntimo, tomando decisões ou simplesmente nos abandonando à preguiça, à indolência, ao comodismo ou nos tornando desprezíveis e nos corrompendo quando isso não mais deveria acontecer. Alguém poderia dizer que realmente na matéria tudo é muito difícil quando temos de lutar pelo pão nosso de cada dia, pela subsistência material, no que somos obrigados a compreender semelhantes alegações; entretanto, não podemos nos esquecer que não estamos sozinhos; nossos protetores espirituais, amigos queridos que nos acompanham em cada momento de difícil decisão ou de tribulações, nos amparam, nos insuflam idéias felizes de bom ânimo mas, na maioria das vezes, fazemos ouvidos surdos. Não podemos esquecer ainda que trazemos em nossa natureza a centelha divina que contém os atributos da divindade. Ocorre que, em vez de buscarmos, em nosso íntimo, essas energias que nos fortaleceriam e nos conduziriam à condição de vitoriosos, nos entregamos às energias deletérias do comodismo, do negativismo, do queixume, da maledicência, do rancor, da mágoa, do ódio, do egoísmo exacerbado que eclipsa as potencialidades do espírito imortal criando um círculo vicioso no qual o espírito se fecha em seu mundo íntimo, destacando e vivendo apenas o lado negativo da vida. Quantos de nós reencarnam com uma série de compromissos, mas quando chega o momento de dar o testemunho nos esquivamos, pois nosso livre-arbítrio nos permite. Quantas vezes ouvimos irmãos que justificam sua indolência e seu comodismo como desculpa para a condição de espíritos imortais, dizendo: não temos outras existências? Por que irei resolver tudo agora? Quero gozar a vida mais um pouco. Se temos a eternidade pela frente, vou deixar para existências futuras a solução de meus problemas. Por que irei me preocupar agora? Podemos afiançar que o espírito que assim pensa e age comete um terrível equívoco, pois o compromisso esquecido voluntariamente é mais um obstáculo que postergamos para o futuro, em condições, quem sabe, mais dolorosas, pois cada qual assume a responsabilidade pelo mal que advir por ter deixado de praticar o bem.

Observei que o ambiente se encontrava saturado de energias revigorantes por luzes em tons suaves que variavam entre o azul e o lilás, e que a todos envolviam em uma atmosfera de alegria e indizível bem-estar. O silêncio era total e as vibrações traduziam elevado padrão de sentimentos de amor e alegria que reinavam naquele ambiente. Notei que o instrutor se encontrava envolvido em gracioso halo luminoso que descia do mais alto, o que significava que o querido amigo encontrava-se em ligação mental com irmãos de esferas mais elevadas. Em seguida, continuou:

– *Queridos irmãos em Cristo, sabemos quanto é difícil nos desvencilharmos das amarras negativas que nos aprisionam ao homem velho que ainda resiste em nosso íntimo, bem como sabemos que é no instante em que o espírito vive seu momento de dor ou sua tribulação que irá demonstrar se já progrediu, galgou mais um degrau na escalada ou se ainda necessita de mais tempo. O Criador espera sempre; todavia, não podemos esquecer que o Divino Amigo nos alertou que o progresso deverá ser efetivado pelo amor ou pela dor. Não podemos nos esquecer do "conhece-te a ti mesmo" nem da reforma íntima como valiosa ferramenta para nosso programa evolutivo. Podemos afiançar, entretanto, que ainda buscamos desculpas como justificativa para nossa falta de vontade e determinação. Sem dúvida, o fator determinante que muitas vezes nos leva a falhas, é que ainda nos deixamos seduzir diante das facilidades da vida. A porta larga é convidativa e traiçoeira, e comumente esquecemos que não reencarnamos para levar uma vida de brancas nuvens nem de facilidades. Jesus nos alertou que "a minha carga é suave e meu fardo é leve"*[9]*. Quando nos afastamos do Cristo, passamos a viver as tribulações da matéria, e nos aprisionamos em*

9. Mateus, 11: 30. (N.A.E.)

sentimentos pequenos, nos entregando, então, ao egoísmo, e nos preocupando demais com as aquisições materiais e acabamos nos tornando infelizes porque fixamos nossos pensamentos nas dificuldades do dia-a-dia. Fazemos muitas vezes uma tempestade em um copo de água dando aos nossos problemas uma dimensão muito maior que eles são na realidade. Recorremos sempre a desculpas para a fuga deliberada dos compromissos assumidos e apenas quando a dor corretiva ou a tribulação nos assalta é que buscamos uma saída. Temos presenciado muitos irmãos que procuram justificar-se na dificuldade material para não praticar a caridade para com o próximo. Outros buscam justificativas na falta de tempo e outros ainda que detêm a riqueza material alegam que não podem descer à condição do miserável que perambula pelas ruas ou simplesmente os que vivem na miséria dos infortúnios ocultos. Podemos assegurar, com absoluta convicção, que nenhum dos argumentos são válidos, apenas desculpas e mais desculpas. Ainda hoje fomos testemunhas de uma senhora humilde que ganha sua vida apanhando lixo e materiais recicláveis pelas ruas e tem uma atitude de grandeza e caridade. Essa senhora demonstrou que não há necessidade de riqueza material para se praticar o bem. Por outro lado, conhecemos uma senhora que pertence à distinta família paulistana, detentora de considerável fortuna, que poderia viver apenas para a sociedade e badalações fúteis, gozar a vida viajando ou desfrutando dos bens dos quais é usufrutuária – pois as posses materiais representam perigosa tentação para que o espírito fraqueje em sua tarefa – e, no entanto, essa senhora dedica sua vida aos menos afortunados e, com seu grupo de samaritanos, adentra as madrugadas frias das noites para levar socorro aos esquecidos do caminho. Queridos irmãos, o que queremos dizer é que sempre iremos encontrar desculpas quando não temos vontade e disposição para fazer algo e, se nos entregamos à indolência e ao comodismo, iremos perceber tardiamente que o tempo passou e perdemos um dos mais preciosos talentos que o Pai Eterno nos concedeu: o tempo, porque na vida, as oportunidades se renovam a cada dia, menos o tempo perdido, que será sempre uma perda real. Hoje tivemos a oportunidade de verificar que a atitude decidida da pessoa é que faz a grande diferença em cada um de nós, em nossas vidas, e já somos conscientes de que embora sejamos espíritos imortais destinados à perfeição, o que determina se iremos trabalhar muito e sofrer mais ou menos serão nossas atitudes e nossa capacidade de amar, perdoar, compreender, estender a mão, amparar, sorrir e saber renunciar no momento adequado e, para isso, não necessitamos de riqueza material nem recursos financeiros e monetários. Basta apenas a boa vontade. Que a paz de Jesus, nosso Divino Mestre, esteja com todos!

O instrutor concluiu sua locução em meio a intensas vibrações de amor e harmonia que saturavam o ambiente em forma de luzes multicoloridas. Os presentes aplaudiram o querido amigo com entusiasmo por longo tempo. Quando cessaram os aplausos, voltei-me para minha companheira, pois tencionava conversar mais calmamente. Entretanto surpreendi-me, pois Irmã Marcelina deixou o ambiente em que nos encontrávamos simplesmente em um lampejo tão rápido quanto uma fração de milésimo de segundo. Diante de minha estranheza, Glaucus, ao meu lado, esclareceu-me com um sorriso:

– *Irmã Marcelina teve de retornar ao corpo físico, Virgílio. Isto é um fato natural para quem desprende-se do corpo físico durante o sono, pois basta alguém tocar o corpo ou chamar pela pessoa que o espírito retorna imediatamente ao vaso material. Houve algum motivo que determinasse seu retorno imediato ao corpo somático e, obedecendo aos ditames da matéria, nossa irmã assumiu o corpo ao qual se encontra ligada na presente existência. Durante o desprendimento, o corpo perispiritual permanece ligado ao corpo físico por laços fluídicos de forma que, embora esteja a grande distância, o espírito mantém perfeito domínio sobre o mesmo, permitindo seu imediato retorno em caso de necessidade. À guisa de esclarecimento, esses laços fluídicos se rompem apenas com a morte do corpo físico, liberando definitivamente o domínio do espírito sobre a matéria, ocasião em que o corpo inicia seu processo implacável de decomposição material. Existem casos em que o espírito já desencarnado se agarra ao corpo físico como um náufrago se apega à tábua de salvação, assistindo à própria decomposição, mas é outro caso que requer estudo apropriado para melhor esclarecimento.*

Achei o momento oportuno para um aprendizado e questionei Glaucus.

– E nossa irmã, ao despertar, irá recordar o que presenciou em estado de espírito em nossa esfera? Recordaria com fidelidade os ensinamentos recebidos nesta noite, por exemplo?

O querido amigo sorriu bondosamente e, com afabilidade, me esclareceu:

– Quando o espírito se encontra desprendido do corpo físico pela ação do sono, ele vive intensamente no lado de cá, pois, livre das amarras materiais, tem mais liberdade de ação e, dependendo das tendências de cada um, procura ele seus pares no lado espiritual, que se unem por simpatias e tendências recíprocas. Dessa forma, aqueles que gostam

de baderna encontrarão baderneiros, os que se comprazem com o mal se unem aos que praticam o mal, os que já são devotados ao bem encontrarão amigos benfazejos deste lado, os que já buscam o progresso espiritual encontrarão amigos que os orientarão para visitas a colônias, hospitais ou alguma outra região que seja importante para o aprendizado do espírito. Os protetores espirituais de cada encarnado conhecem a tendência de seus tutelados e, particularmente, os que já são propensos ao bem conduzem-nos a grupos de afinidade para que, no plano espiritual, o espírito continue seu aprendizado sem interrupção, enquanto o corpo repousa, restaurando as energias materiais pelo poder salutar do sono. Nessas condições, depende muito da condição evolutiva e de entendimento do espírito, que terá maior ou menor lucidez do que ocorre ao seu redor. Quando o espírito retorna ao corpo físico no momento em que desperta, o corpo denso representa pesada barreira que tolhe grande parte das lembranças vividas no mundo fora da matéria. Por outro lado, os protetores espirituais também têm o cuidado de procurar apagar da memória do encarnado aquilo que não seja conveniente que recorde, permitindo, muitas vezes, apenas lembranças esparsas. Todavia o espírito não perde nenhum ensinamento porquanto tudo fica arquivado em sua memória etérea e, no seu íntimo, tem uma vaga lembrança do que viveu espiritualmente, ficando aquela sensação de alegria e bem-estar que perduram no decorrer do dia, até o momento em que o encarnado mergulha no turbilhão dos problemas materiais do cotidiano. No caso de Marcelina, podemos dizer que é uma irmã que já obteve importantes aquisições espirituais no campo do trabalho, da abnegação, da caridade e da humildade. Nesse estágio, sua condição de lucidez é bastante razoável e, mesmo com a barreira material representada pelo corpo somático, quando retorna à matéria, certamente consegue reter lembranças importantes do aprendizado em questão.

Agradeci ao querido amigo pelos ensinamentos preciosos. Aquele era um assunto em que desejava me aprofundar ainda um pouco mais, mas possivelmente isso apenas aconteceria em momento oportuno com objetivo específico. Naquele momento, o instrutor Pétrus atendia uma infinidade de irmãos que desejavam cumprimentá-lo e abraçá-lo.

Em virtude da hora avançada, pude observar novamente o mesmo fenômeno que anteriormente também havia notado em Irmã Marcelina: vários irmãos, ainda na condição de encarnados, retiravam-se do nosso plano como num *flash* de luz em belo e intrigante espetáculo espiritual.

Aguardei que os demais irmãos pudessem render suas homenagens e, quando finalmente a sala se esvaziou, aproximei-me do instrutor e carinhosamente o cumprimentei pela beleza dos ensinamentos da noite, profundos e enriquecedores. Em sua forma peculiar de humildade, o generoso amigo me respondeu:

– *Ora, Virgílio, quem somos nós se não viajores imortais em busca da perfeição? Confesso que, diante da grandeza do Criador, tenho a consciência do quanto ainda nos falta para alcançarmos nosso objetivo final. Entretanto, apesar de nossas deficiências, é nossa responsabilidade levar aos nossos irmãos o fruto da experiência que já obtivemos na longa jornada evolutiva. Sócrates, o grande sábio e filósofo grego, nos dizia: "Só sei que nada sei" e Jesus, o divino modelo também nos disse: "Por que você me chama de bom? Só Deus é bom, e ninguém mais". O mais importante é termos consciência de que ainda somos muito pequenos diante do Criador, e não perdermos de vista não só que já alcançamos progresso e aquisições importantes mas também quanto ainda nos falta diante da perfeição da consciência divina. O que posso dizer com absoluta certeza e plena convicção é que, em nossa caminhada evolutiva, estaremos sempre na condição de aprendizes, e feliz é o espírito que já tem essa consciência.*

Registrei aquelas palavras do instrutor com admiração e carinho. Pétrus era um irmão querido que a cada dia admirava mais, pois suas palavras vinham revestidas de conhecimento e humildade, característica dos grandes espíritos, iluminados, o que ele mesmo não admitia para si próprio.

Deixamos o grande edifício do Ensinamento para Todos os Planos. No lado de fora, a brisa fresca da manhã nos saudava com o sopro da vida na alegria do Criador. O sol despontava tingindo de rubro o horizonte visível de nossa colônia, enquanto as estrelas despediam-se da noite para dar lugar à luz de mais um dia que começava.

Uma nova oportunidade

Eram exatamente catorze horas quando chegamos a um grande barracão localizado na zona sul da capital paulista. Observei que o grande estabelecimento encontrava-se entulhado de papelão, latas de alumínio, garrafas de polietileno e outros produtos destinados a reciclagem. O instrutor Pétrus esclareceu-me que aquele barracão era um dos braços da instituição criada por Irmã Marcelina, destinado à venda dos materiais apanhados por "carroceiros" que, na falta de melhores oportunidades, buscam naquele trabalho uma forma honesta e digna de ganhar seu sustento.

Irmão Glaucus encontrava-se presente, vindo nos receber com o carinho costumeiro.

– *Sejam bem-vindos à nossa humilde casa* – saudou-nos com um abraço. Preocupado talvez com o objetivo dos meus apontamentos, ponderou: – *Irmão Virgílio, estou às suas ordens para o que necessitar, mas considerando que o instrutor Pétrus já conhece muito bem a casa, gostaria de deixá-los à vontade em suas observações. Todavia, se julgar necessário algum esclarecimento adicional que venha contribuir com o estudo em pauta, estou às suas ordens* – concluiu com um sorriso.

Agradecemos a gentileza de Glaucus, uma vez que era ele o responsável espiritual pela instituição e tinha suas obrigações a cumprir. Aproveitei para observar o desenrolar dos trabalhos desenvolvidos e surpreendi-me ao observar Irmã Marcelina literalmente "arregaçando as mangas e botando a mão na massa", como se diz no dito popular, estando à frente das tarefas, orientando os trabalhadores, observando o peso correto de cada um, ministrando os pagamentos e conversando com todos, tendo com cada um uma palavra de encorajamento e estímulo.

– Como vai, Raimundo? E os filhos? As coisas estão difíceis, não é, meu irmão? Mas não desanime jamais, pois qualquer que seja o trabalho, ele sempre é digno e nos permite recuperar nosso amor próprio, nossa auto-estima. Não falte ao curso da noite, meu filho, porque, com a graça de Deus e com seu esforço, um dia você poderá ser alguém e progredir na vida.

O humilde trabalhador tirou o chapéu da cabeça e agradeceu respeitosamente a Irmã Marcelina:

– Que Deus lhe pague, Irmã Marcelina, porque eu sempre digo que, se não fosse a senhora, ainda estaria na rua mendigando. Deus lhe pague. A senhora me fez sentir "gente" novamente porque eu não era mais gente do jeito que vivia pelas ruas. Por todo o tempo que viver, serei eternamente grato à senhora, por sua bondade, por tudo que fez por mim e pelas pessoas que aqui estão. Eu tenho certeza que um dia ainda vou ser alguém na vida, mas esteja onde estiver, a senhora é uma pessoa que jamais irei esquecer!

Observei a fisionomia sofrida de Raimundo. Rosto maltratado, envelhecido precocemente, vincado de rugas e cabelos ralos sobre a cabeça. Roupa humilde e simples apresentavam-se limpas na medida do possível diante do trabalho que exercia. Chinelos de dedos exibiam os pés machucados pelas andanças pelas ruas paulistanas. Emocionado, tinha os olhos rasos de lágrimas, em sinal de sincero agradecimento àquela mulher tão valorosa que a todos tratava com dignidade e respeito.

Cada vez mais me admirava diante da figura de Irmã Marcelina. O instrutor sorriu e me esclareceu:

– Irmã Marcelina pertence a uma rica e tradicional família paulistana. Seu marido é um advogado renomado e até hoje tem dificuldades para compreender o que leva sua esposa a abdicar da vida de abastança nas altas rodas da sociedade para se dedicar aos maltrapilhos de rua. Muitas vezes a Irmã Marcelina se vê na contingência de acompanhar o marido a importantes eventos, ocasião em que se faz presente por exigências sociais. Embora contrariado, doutor Figueira é compreensivo, pois é um marido apaixonado que, mesmo sem compreender a filantropia da esposa, não a contraria e respeita suas atividades, porque no fundo percebe que isso a faz feliz e, por conseguinte, ele também sente-se feliz. Irmã Marcelina e o doutor Figueira são apaixonados desde o tempo de infância, casaram-se, mas infelizmente não tiveram a bênção dos filhos. Após o casamento, o doutor Figueira foi acometido de terrível obsessão, não encontrando solução na medicina nem na psiquiatria, o que os levou em desespero de causa a procurar o auxílio da Doutrina Espírita. O marido se curou e prosseguiu sua vida costumeira, mas Irmã Marcelina sentiu-se confortada e tocada

pelos postulados do Cristo por meio da codificação de Kardec e, desde então, procurou se dedicar com amor servindo a Jesus sob o amparo da Doutrina Espírita. Em seu íntimo, o doutor Figueira tem consciência de que sua esposa segue o caminho correto mas, em sua condição social de advogado de família tradicional, ainda tem enormes dificuldades para compreender que sua esposa dedique todo seu tempo em favor da causa de pessoas miseráveis e ainda deixe o conforto do lar em noites frias para levar aos maltrapilhos um prato de sopa ou o leite quente. Dizem que, nos momentos de tormenta e aflição, o espírito busca a Deus como porto seguro e refúgio para suas dores, mas passada a aflição, acalmada a tormenta, raros são aqueles que perseveram. A maioria prossegue a vida como antes, sem alteração de direcionamento. Por esta razão, muitas vezes torna-se necessária a visita da dor em condições mais extremas porque já conhecemos o ensinamento do Evangelho: *"quem não caminha pelo amor, caminha pela dor".*

Naquele momento observei que a atividade de Irmã Marcelina era verdadeiro ato de amor e caridade pelo atendimento respeitoso que direcionava a cada assistido. Com um sorriso no rosto e bom humor, nossa irmã sempre tinha uma palavra de carinho, de respeito e de amizade com cada um dos presentes. Percebi que nossa irmã apresentava sua aura perispiritual luminosa em cor azul-claro que se irradiava de forma graciosa com uma peculiaridade interessante: a poucos centímetros de sua cabeça, o colorido era intenso e, à medida que se expandia, tornava-se mais sutil desvanecendo no espaço em singular fenômeno luminoso.

O instrutor observou meu interesse pelo quadro que se apresentava à nossa visão, esclarecendo-me a respeito.

– Como pode observar, Virgílio, é sempre bom recordar que "aquele que acende a luz é o primeiro que se ilumina". A caridade que para muitas pessoas é de difícil entendimento, dificuldades ou motivo de desculpas, já para Irmã Marcelina transforma-se num ato de alegria, de satisfação, de bem-estar porque ela realiza essa tarefa não como uma obrigação penosa ou um fardo pesado: ela o faz com alegria e amor no coração. Nessas condições, emite pensamentos de elevado teor vibratório que se irradiam e se elevam pelo espaço, em comunhão com espíritos que comungam a mesma faixa de sintonia, e a beneficiária imediata é nossa própria irmã, que recebe de volta todo o amor e a alegria que irradia pelo seu coração por intermédio de seus pensamentos. Neste caso, observamos a centelha divina em um estágio que já desperta as potencialidades ilimitadas do espírito imortal, acendendo sua luz interior que se irradia na comunhão e harmonia na sintonia do Criador. Assim, o espírito aspira forças e energia que lhe permitem superar obstáculos, vencer as dificuldades, não se amedrontando diante dos problemas, sendo capaz de grandes renúncias porque espiritualmente galgou importante estágio da escala evolutiva de forma que, servir ao Cristo com alegria no coração, é seu objetivo maior, e o faz sem que isso lhe represente sacrifícios nem peso. Verifica-se que, nesse estágio, não importa ao espírito se possui ou não riquezas materiais, qual é sua condição social, física ou material: ele encontrará meios de realizações no campo da caridade e do amor. Se se encontra encarnado sob condição financeira privilegiada, fará de suas posses oportunidades valiosas em favor do bem. Se for um miserável, saberá fazer de sua própria dificuldade exemplos maravilhosos de renúncia e dedicação; se acha-se na condição de fisicamente impedido por alguma limitação corporal,

terá em sua própria deficiência um exemplo que dignifica a criatura humana oferecendo exemplos magníficos de seres que se superam e, assim, provocam admiração em todos. Temos encontrado irmãos maravilhosos que já não mais possuem os movimentos dos membros físicos e isso não os impede de grandes realizações no campo do trabalho e da arte. Doentes, entrevados, presos ao leito de dor que não se entregam nem se acomodam e, apesar das limitações e dificuldades, são capazes de levar uma palavra de estímulo e reconforto a outros tantos necessitados. Como dissemos, é a elevação espiritual, cujo estágio possibilita ao espírito ampliar seu campo de visão e compreensão do mundo, obtendo forças formidáveis e energias imponderáveis do espírito contidos na centelha divina que desperta em suas potencialidades e permitem ao espírito realizações magníficas. Por essa razão Jesus nos dizia: "Vós sois deuses, fareis o que faço e ainda mais". Atingido esse estágio, o espírito finalmente se liberta dos inúmeros problemas que tanto afligem e atormentam o ser humano comum que ainda se detém nos assuntos comezinhos do dia-a-dia, entregando-se ao perigoso e pernicioso hábito das desculpas, em seu comodismo e invigilância diante dos grandes embates da existência perdendo extraordinárias oportunidades de realização no campo da caridade e da evolução pessoal.

Enquanto eu observava atentamente todas as atividades, o instrutor Pétrus deu continuidade aos esclarecimentos:

– Irmã Marcelina fundou um centro espírita para que a Doutrina Espírita pudesse levar o alento e o consolo aos necessitados do espírito, mas não se esqueceu dos necessitados da matéria. Seguindo o exemplo da tradição de sua família, também é formada em direito, mas nunca sentiu interesse para exercer suas atividades profissionais. Sua

verdadeira vocação se manifestou no desejo de servir a Jesus, auxiliando ao próximo, quando observou nas ruas um senhor, já idoso, puxando uma carroça e apanhando lixo e papelão para reciclagem. Existem pessoas, Virgílio, que identificam a oportunidade e, apesar das boas intenções, seguem em frente. Outros nem sequer se dão ao trabalho da sensibilidade da observação. Outros sentem desejo de ajudar, mas ainda lhes falta coragem e desprendimento para uma atitude mais decisiva, encontrando sempre uma desculpa para a inércia. Entretanto, existem algumas pessoas que simplesmente identificam a oportunidade do serviço e a abraçam de imediato. Assim aconteceu com Irmã Marcelina. Uma noite fria de julho, quase vinte e três horas, retornava ela da reunião no centro espírita no conforto de seu carro com ar quente, observando atentamente alguns mendigos nas ruas, deitados ao relento. Na verdade, sentia-se incomodada: ela, com todo o conforto, protegida da intempérie no interior do veículo, e aquelas pessoas sofrendo os rigores do frio impiedoso. Já fazia algum tempo que Marcelina pedia inspiração a Jesus para encontrar uma forma de auxiliar de forma efetiva pessoas abandonadas. Sempre que comentava com alguém, pedia conselho e opinião de como auxiliar essas pessoas miseráveis, comumente ouvia palavras desanimadoras: "Por que se preocupar com mendigos? São pessoas que adotaram a miséria por opção", justificavam. "Deixe que isto é responsabilidade do governo, para que se incomodar?" Na verdade, tudo aquilo ficava em sua mente como uma idéia que não a abandonava, pois seu desejo seria possibilitar algo que pudesse fazer a diferença na vida dessas pessoas, talvez oferecer alternativa para que pudessem mudar de vida, mas o quê? Naquela noite, as mesmas questões de sempre martelavam sua mente. Quando se aproximava do luxuoso prédio onde residia, pode observar uma cena que comoveu seu coração sensível: aquele senhor vergado pelo peso da idade, puxando uma carroça carregada de entulhos. A tarefa parecia penosa e os cabelos esbranquiçados denunciavam a idade avançada, mas ele continuava caminhando com dificuldade, talvez extenuado pelo cansaço. Figura franzina e braços magros, talvez mal alimentado, parecia não mais ter forças para puxar o pesado veículo. Comovida com aquele quadro triste, pediu ao motorista que parasse a pequena distância e ficou observando aquele homem que, no ocaso de uma existência de lutas, deveria contar com uma previdência que pudesse dar-lhe um final de vida com alguma dignidade. Entretanto, aquele homem, envelhecido, esquálido e com braços esqueléticos, tinha ainda de trabalhar para ganhar a vida, submetendo-se aos rigores das noites frias puxando uma carroça como se fora um animal de carga. O coração sensível de Marcelina não se conteve e as lágrimas desceram pelo seu rosto ao vê-lo tropeçar na guia e se estatelar no chão. Os óculos caíram distante e Marcelina verificou então que suas mãos ficaram feridas, pois estavam sangrando. O pobre homem tateava a calçada, demonstrando visão deficiente, e procurando os óculos cujas lentes mais pareciam um fundo de garrafa. Dona Marcelina não teve dúvidas: diante do motorista que, atrapalhado não sabia o que fazer, desceu do carro e se aproximou do infeliz que se segurando a um poste de iluminação, tentava se recuperar da queda. O pobre homem parecia ofegante com a respiração sibilante – talvez por problemas de bronquite asmática – e ergueu os olhos esgazeados para aquela bela senhora que estava à sua frente, parecendo surpreso ao ver que alguém estivesse lhe dando atenção. Irmã Marcelina o cumprimentou com educação e respeito: "Boa noite, meu irmão, eu vi quando o senhor caiu, por acaso se machucou? Precisa de auxílio?". Ainda não refeito da queda e com dificuldades para se pôr em pé, o homem sentou-se na calçada e ainda ofegante respondeu: "Boa noite, minha senhora. Na verdade hoje eu não estou bem porque tenho problemas de bronquite e não pude tomar o remédio e a crise está me prejudicando. Mas não se preocupe porque vou descansar um pouquinho e daqui a pouco vou me embora". Irmã Marcelina estava aflita com a condição física depauperada daquele homem e retrucou: "O senhor não está em condições de fazer esforço, primeiramente pela crise asmática e também por sua idade", argumentou preocupada. "Não, minha senhora, não se preocupe, porque minha vida sempre foi assim. Meu nome é Antero da Silva", identificou-se, "e desde que me conheço por gente tenho trabalhado sem folga e minha vida sempre foi de luta e sofrimento. Não se preocupe, pois já estou acostumado. Trabalho deste jeito porque foi apenas o que me restou fazer para ainda viver um pouquinho mais, até quando Deus quiser. Acho que só quando morrer, minha senhora, é que vou ter um pouco de descanso e paz". Irmã Marcelina olhou para o senhor Antero e ficou penalizada. Olhando a fisionomia daquele pobre homem, sentiu-se tocada de profunda compaixão. Diante daquela figura mirrada, idosa, esquelética, de óculos, mãos sangrando e respiração ofegante, ainda ouvia falar de trabalho e de Deus. Sentiu-se pequenina diante de uma criatura que, apesar de tudo, não se queixava nem se revoltava diante do Criador. Quem era ela? Como poderia falar em Jesus se, diante dela, estava um irmão necessitado, e ela não o amparasse de alguma forma? Como auxiliá-lo? Se o levasse para seu apartamento, o esposo não a compreenderia e talvez fosse motivo para algum desentendimento, mas certamente não poderia deixar aquele homem naquele estado abandonado à própria sorte. Foi então que uma idéia brilhou em sua mente: ligou para o zelador do centro espírita pedindo que viesse com a perua até o local no qual se encontrava. Finalizada a instrução, retomou o diálogo com o velho apanhador de papelão: "Senhor Antero", disse, estendendo a mão, "meu nome é Marcelina e gostaria de ajudá-lo. O senhor aceitaria minha ajuda?" Aquele homem sofrido abaixou a cabeça em sinal de humildade diante daquela senhora que lhe transmitia respeito e, de repente, ele começou a chorar. De seu peito brotaram soluços e, daqueles olhos mortiços, quase sem vida, romperam lágrimas copiosas. Com sentimento de profunda emoção balbuciou: "Minha senhora, eu até já me sinto melhor porque a senhora está perdendo seu tempo conversando comigo. Quem sou eu? Na verdade, sou um Zé ninguém para merecer sua compaixão. Vejo que a senhora é uma pessoa de bem, e eu até me sinto feliz por estar aqui esta hora da noite conversando comigo, mas o que poderia fazer para ajudar um pobre velho que já viveu muito e nunca teve valor? Confesso à senhora que nada mais espero desta vida, apenas peço a Deus que abrevie meus dias para que possa encontrar na morte o descanso e o esquecimento das amarguras que vivi". Tocada nas fibras mais sensíveis de seu coração, Marcelina respondeu: "Senhor Antero, tenha certeza que eu também não sou ninguém diante da misericórdia divina, mas em nome de Deus haverei de encontrar uma forma de auxiliá-lo. Daqui a instantes deverá chegar aqui um companheiro com um veículo que o levará até um local em que será acomodado por esta noite, podendo tomar um banho, tomar uma sopa e dormir em uma cama quente. Sua carroça será rebocada e amanhã poderemos encontrar uma alternativa para sua vida. Pode confiar, senhor Antero, que a partir de hoje sua vida haverá de mudar para melhor, com a graça de Deus!"

Naquele instante chegou a perua do centro e imediatamente Irmã Marcelina deu as instruções: "Alberto, por favor, eu lhe peço que cuide deste senhor com todo o carinho e respeito", disse referindo-se ao velho carroceiro. "Reboque sua carroça até o pátio do centro, passe em uma farmácia e compre o medicamento que o senhor Antero necessita para seu problema de bronquite e o acomode na antiga sala ao lado de sua casa. Não se esqueça de providenciar para que ele possa se alimentar adequadamente antes de repousar". Solícito, Alberto se prontificou a cumprir as determinações recebidas: "Não se preocupe, dona Marcelina, que tomarei todo o cuidado para que o senhor Antero possa ser bem atendido conforme suas orientações. Minha esposa irá preparar uma boa refeição para que ele possa se alimentar bem antes de dormir". Antes de entrar no veículo, o velho carroceiro parecia não acreditar no que estava acontecendo e, humilde, não sabia como agradecer, tanta era a generosidade daquela benfeitora que Deus havia colocado em seu caminho: "Minha senhora, eu não sei como lhe agradecer tamanha bondade por tudo que está fazendo por mim. Jamais terei como pagar por este benefício que me presta, mas posso lhe assegurar que por toda minha vida haverei de orar a Deus e agradecer a caridade que está fazendo a este pobre velho. Deus lhe pague, dona Marcelina", concluiu, tirando o boné da cabeça, e revelando seus cabelos brancos e ralos que esvoaçavam ao vento. "Deus lhe pague muito...", repetiu, enquanto o veículo se afastava deixando Marcelina pensativa na rua deserta. Em seguida, entrou em seu automóvel retornando à sua residência. Passava da meia-noite quando chegou em casa, e o doutor Figueira a esperava com a fisionomia aborrecida. Entretanto, o coração de Marcelina estava repleto de alegria, pois uma idéia começava a tomar forma em sua mente, algo maravilhoso que poderia mudar a vida de muitas pessoas como a do senhor Antero. Sua satisfação era tamanha que nada naquela noite abalaria a vibração de amor que tomava conta de seu coração. Foi então dessa forma que, naquela noite, envolvida por sublimes vibrações de amor, Irmã Marcelina, inspirada pelos benfeitores espirituais, teve a grandiosa idéia de criar uma cooperativa destinada a auxiliar pessoas de rua, apanhadores de papelão e demais materiais recicláveis.

Após a narrativa do instrutor, se eu já nutria sentimentos de admiração por Irmã Marcelina, a figura da generosa irmã cresceu diante de minha ótica de observação. Em meus pensamentos imaginei como é difícil a prova da riqueza material, porquanto proporciona àquele que a possui mil tentações nas quais naufraga a maioria das criaturas invigilantes. Quantos reencarnam com a difícil missão da posse material, sucumbem às tentações que a riqueza patrocina e, dessa maneira, acabam adquirindo pesados débitos pelos excessos morais em que enveredam, esquecendo-se de que nada possuímos e que tudo na vida é transitório, pois todas as coisas deixamos para trás quando aliviados do corpo material pela morte física. Apenas o bem e as virtudes da alma são nossas conquistas alienáveis e as levamos para a eternidade. Muitos retornam na matéria em encarnações futuras na também difícil prova da miséria, para aprenderem, na prática do dia-a-dia, sofrendo na própria pele as duras lições do poder corrompido, do mando embrutecido e da riqueza mal administrada de alhures. Por essa razão, é que tenho essa admiração por Irmã Marcelina, uma mulher que possuía riqueza material, importante posição social, influência de poder e mando, mas que nada disso poderia corromper sua condição de espírito com conquistas morais elevadas, fazendo de sua condição de vida privilegiada uma oportunidade de servir, em nome do Cristo, os tristes e aflitos à margem da estrada, consciente de que tudo em nossa vida é uma dádiva concedida pelo Criador a título de empréstimo, do qual um dia prestaremos contas no solene tribunal de nossa própria consciência.

Eram quase quinze horas quando finalmente das Dores chegou com as crianças, acompanhada de Maria do Rosário e Sebastião. Podia-se notar certa diferença em Sebastião e em Rosário, pois se apresentavam com roupas remendadas mas limpos e com os cabelos alinhados. Dava gosto ver como Julinho e André se apresentavam com cabelos bem penteados, roupinhas novas, tênis novos. Dava para perceber que das Dores havia se esmerado para aquele encontro, inclusive cuidando melhor de si própria. A venerável anciã usava uma sandália simples e uma fita azul que prendia seus cabelos, dando uma melhor impressão à sua aparência.

Quando Irmã Marcelina percebeu a chegada dos visitantes, imediatamente veio ao encontro para dar-lhes boas-vindas.

– Das Dores, minha irmã, como vai? Nossa! – exclamou admirada com a aparência cuidada da anciã. – Se a visse por aí não a reconheceria – complementou, abraçando-a carinhosamente.

A anciã se emocionou, pois não imaginava encontrar alguém como Irmã Marcelina, uma criatura tão piedosa cujo sentimento de nobreza fazia com que descesse ao fundo do abismo para de lá resgatar os que sofrem, os deserdados e os esquecidos. Das Dores achava também que ela nem iria se lembrar do seu nome.

– Irmã Marcelina, a senhora é uma missionária do Cristo. A senhora não tem orgulho nem vaidade e se preocupa com pessoas como eu. Sinto-me emocionada por ter lembrado meu nome e me abraçado.

– Ora, ora, das Dores, quem sou eu? Sinto-me na verdade uma privilegiada, e ter a meu lado uma criatura como você é para mim motivo de alegria. Eu é que devo agradecer pela misericórdia divina que me proporcionou esta oportunidade de servir, pois não me sinto merecedora – concluiu com sincera humildade, sem afetação. – Mas vamos entrando, meus amigos, estou muito feliz por terem vindo – emendou, convidando-os a entrarem na pequena sala que servia como escritório.

Quando todos estavam acomodados, Irmã Marcelina chamou uma assistente para entreter as crianças; senão, seria impossível conversar. Os meninos saíram tagarelas e felizes, diante da promessa que iriam tomar sorvete e refrigerante.

– Então, das Dores, tenho uma proposta a lhe fazer – adiantou Irmã Marcelina. – Você tem duas crianças pequenas que requerem cuidado. Não tem com quem deixá-los, não pode ficar com eles vagando pelas noites frias de São Paulo e também precisa ganhar mais dinheiro, não é verdade?

– Sim, Irmã Marcelina – concordou das Dores com humildade. – Esta tem sido minha grande preocupação ultimamente. Sempre confiei em Deus e tenho pedido a Ele em oração para que possa encontrar uma saída.

– Pois bem minha irmã, Deus nos concedeu uma oportunidade maravilhosa. Você terá um local mais adequado para morar no qual poderá deixar seus filhos, sem ter de levá-los pelas ruas, e terá também um ganho melhor. Você aceita?

– Meu Deus! – balbuciou, incrédula, das Dores. – A senhora está me oferecendo um emprego? Lógico que aceito, Irmã Marcelina!

– Então, prestem atenção, porque isso também envolve o senhor Sebastião e nossa irmã, Maria do Rosário. Estou precisando, aqui na cooperativa, de uma pessoa que conheça os materiais recicláveis, que saiba das dificuldades que envolve o trabalho de cada um, que tenha sensibilidade para acompanhar o peso de cada carregamento feito pelos carroceiros. Hoje eu faço questão de acompanhar, porque estes irmãos precisam de estímulo e incentivo, mas tenho tantas outras atividades que necessito delegar esta responsabilidade para alguém que tenha sensibilidade para me substituir neste trabalho, trate com respeito e dignidade cada irmão que aqui traz o fruto de seu trabalho. Ontem, quando a conheci, conversamos e eu a observei atentamente, das Dores, tenho plena convicção – e eu não costumo me enganar – de que esta pessoa é você. Então você terá um salário, uma pequena casa para morar e as crianças ficarão na creche do centro espírita, onde receberão carinho e educação. E tem mais: neste momento, estou fazendo um desafio para você, Sebastião, e para você também, Rosário: vocês poderão deixar de ser andarilhos sem rumo e se integrarem na cooperativa, apanhando materiais recicláveis nas ruas. Terão um ganho justo e digno, podem ter certeza. Além do mais, das dezoito às vinte e uma horas temos professores que ministram aulas de alfabetização para curso fundamental e médio, dependendo do aluno. Uma coisa de que não abro mão e exijo dos companheiros cooperados é que busquem o recurso do estudo. Vocês aceitam o desafio?

Todos se manifestavam emocionados diante das palavras de Irmã Marcelina. Das Dores chorava tomada de emoção, e Rosário sentia-se envolvida por uma alegria profunda, mas foi Sebastião quem conseguiu se expressar, articulando palavras com surpreendente desenvoltura:

– Irmã Marcelina, somos todos imensamente gratos por sua bondade e acho que a emoção que nos toma, neste momento, é muito intensa e gostaria de falar por mim e também em nome de Rosário e de nossa querida das Dores.

Irmã Marcelina estava surpresa com a fluência e a facilidade de expressão daquele homem que, até a noite anterior, se apresentava como um farrapo humano. Sebastião continuou:

– Desde ontem à noite, quando a senhora conversou conosco, eu me sinto tomado por uma força que me renova, como há muito não sentia. É como se uma voz silenciosa me dissesse: "vamos, levante-se, você é capaz!". Sinto-me estimulado e confiante! Hoje, antes de virmos para cá, passamos no barraco de nossa querida das Dores; ontem pudemos tomar um banho e trocar de roupa, pois algumas pessoas nos deram umas peças por caridade. Apesar de ser uma pessoa pobre como nós, das Dores já tinha nos oferecido um cantinho para morar em seu barraco, mas eu e Rosário já tínhamos tomado uma decisão: iríamos dar um novo rumo em nossa vida, trabalhar com humildade, apanhando papelão e materiais recicláveis pelas ruas, seguindo o grande exemplo de das Dores. Dessa forma, a proposta que a senhora nos oferece vem ao encontro de nossos anseios, o que nos emociona e nos faz muito felizes. Confesso que eu, pessoalmente, há muito tempo não me sentia tão feliz com uma possibilidade de recomeço. A senhora nos fala de estudos e eu não desejo outra coisa, porque um dia fui advogado, exerci minha profissão, mas infelizmente um fato perturbador veio abalar minha vida e eu fraquejei, acabando nas ruas como um perdido, um miserável, um pedinte que achava não merecer nenhuma compaixão, até encontrar das Dores e a senhora na noite passada. Acho que nunca é tarde para recomeçar a viver com dignidade. Pretendo provar para mim mesmo que sou capaz, iniciando um trabalho humilde, para quem sabe, no futuro, se for merecedor, retornar aos tribunais, advogando em causa dos menos favorecidos.

Irmã Marcelina estava radiante de alegria e satisfação que estampava em seu belo rosto, enquanto seus olhos encontravam-se rasos de lágrimas que não chegavam a cair.

– Meus irmãos, vocês não sabem como me sinto feliz ouvindo estas palavras. São momentos como este que fazem valer toda uma existência, quando vemos pessoas como vocês que, apesar de todos as contrariedades vividas no fundo do poço, ainda encontram forças para se levantar e superar suas próprias deficiências e fraquezas. Quando vemos pessoas como das Dores que, apesar de todos seus problemas, ainda abre as portas de sua humilde morada para acolher crianças abandonadas e amigos necessitados, sinto-me feliz e continuo acreditando no ser humano. O ser humano é admirável quando descobre em si mesmo as potencialidades espirituais porque somos todos filhos de Deus! Ah! Meus amigos, vocês estão felizes e emocionados mas posso afiançar-lhes que eu não estou menos feliz que vocês, podem acreditar! E tem mais: fico imensamente satisfeita ao ouvir suas palavras, Sebastião, porque o tempo se encarregará de mostrar que sua vontade é verdadeira, é genuína e, então, o mérito será apenas seu! Se você realmente fizer por merecer a confiança, pode ter certeza de que voltará a advogar nos tribunais. Meu marido é advogado, mas na verdade, quando a oportunidade se justificar, irei apresentá-lo a uma advogada muito especial: trata-se de uma sobrinha muito querida, que hoje advoga por amor à causa dos infelizes que não têm recursos para pagar um advogado. Ela é uma idealista que se comove com a causa dos infelizes que gemem nos cárceres porque a lei costuma ser muito rigorosa com aqueles que não têm recursos para se defender. Vamos deixar o tempo passar, porque tudo deve ocorrer no momento certo.

Foi a vez de das Dores se manifestar:

– Ah! Irmã Marcelina, eu posso dizer que, sem dúvida, hoje é o dia mais feliz da minha vida! Pode ter certeza que irei me aplicar para merecer sua confiança. E se a senhora está me dizendo que terei uma casa para morar com as crianças, posso ceder meu barraco para Sebastião e Rosário morarem. Podem ficar com minha carroça também – complementou.

Irmã Marcelina sorriu com a espontaneidade da mulher.

– Realmente, tudo isso apenas vem confirmar o acerto de minha escolha, das Dores. Você é uma pessoa desapegada das coisas materiais e faz muito bem em ceder seu barraco para seus amigos, bem como a carroça porque não serão mais necessários em sua vida! Como diz a música popular: "daqui para a frente, tudo vai ser diferente". Venham – convidou, levantando-se –, quero mostrar-lhes a casinha em que das Dores irá morar com os meninos.

No fundo do barracão, havia um muro que separava a edificação da cooperativa de um terreno em que havia meia dúzia de casas que, apesar de pequenas, eram muito graciosas. Irmã Marcelina apontou uma das casas no fundo do terreno dizendo em tom de bom humor:

– Aquela é sua casa, das Dores, pois as demais estão ocupadas. Na verdade, aproveitei a sobra do terreno que adquirimos para a cooperativa para construir um pequeno condomínio fechado. São apenas seis minúsculas casas, mas todas bem edificadas e costumo destinar àqueles mais necessitados, que aqui residem até progredirem e poderem adquirir, com recursos próprios, suas próprias moradias. Já tive a satisfação de testemunhar vários irmãos que aqui vieram morar e, depois de algum tempo, trabalhando, estudando e mudando o comportamento, puderam progredir na vida, conquistando novos empregos e adquirindo sua moradia própria. Então costumo dizer que tudo isto aqui é humilde, mas é apenas uma ponte entre a dignidade de viver, trabalhar e conquistar seu espaço na sociedade como ser humano e filhos de Deus que merecem novas oportunidades na vida.

Entre uma casa e outra, embora o espaço fosse diminuto, percebia-se o cuidado dos moradores em cuidar de plantas e flores, o que emprestava ao local uma beleza que encantava a vista. Das Dores quase não conseguia respirar de emoção quando Irmã Marcelina abriu a porta da casa e convidou a nova moradora a entrar.

– Meu Deus! – exclamou a senhora, adentrando a residência. – Jamais poderia imaginar um dia que teria o privilégio de residir em uma casa tão bela como esta. Irmã Marcelina, como posso agradecer por tantas bênçãos?

– Não se preocupe com agradecimentos pessoais, das Dores. Você é uma criatura de Deus e fez por merecer esta oportunidade que está recebendo. Sua dedicação, seu carinho e seu trabalho, em favor de nossos irmãos que irá atender em sua nova função, será o melhor agradecimento aos olhos de Deus.

– E a partir de quando poderei vir para cá?

– A partir de amanhã. Deixe suas coisas preparadas para que amanhã o senhor Alberto providencie sua mudança para cá.

Das Dores estava feliz da vida e, voltando-se para os amigos que pareciam estar em estado de êxtase, diante de tantas novidades das últimas horas, ela disse:

– Sebastião, Rosário, a partir de hoje vocês já poderão morar em meu barraco.

– Iremos com muita alegria, das Dores. Acho que hoje todos nós nos sentimos muito felizes e acredito sinceramente que teremos um futuro promissor e de muitas realizações.

– É verdade, meus irmãos – finalizou Irmã Marcelina. – Hoje é um dia muito especial que representa um marco para todos nós. Sinto-me feliz e recompensada ao ver o entusiasmo e a confiança com que vocês falam do futuro. É incrível partindo de quem, até ontem, dormia embaixo de pontes e viadutos. Com a graça de Deus, vocês encontraram uma nova oportunidade na vida e, doravante, tudo vai melhorar, dependendo apenas do esforço e da dedicação de cada um. Por mim, acredito plenamente que vocês construirão um novo dia, um novo amanhã, um futuro promissor, na graça de Deus.

O dia estava findando.

Já eram quase dezoito horas e o sol já declinava no poente despedindo-se de mais um dia na existência humana. De nossa parte também nos despedimos de Glaucus e da equipe que o assessorava naquele trabalho maravilhoso. Elevamo-nos no espaço observando a beleza do sol que se escondia por trás de densos cúmulos, sentindo meu peito vibrar na harmonia cósmica do Criador. No espaço podia acompanhar o lento giro do orbe terrestre observando que a luz brilhava no espaço, mas, em breve, daria lugar às sombras da noite e às estrelas que estariam enfeitando com o brilho cintilante no infinito cósmico, no magistral espetáculo que o Senhor nos reserva a cada dia.

Entretanto, após as sombras da noite, o dia se manifestaria novamente na manhã seguinte com o fulgor do sol que brilharia novamente na abóbada celeste, oferecendo mais um dia de oportunidades para as criaturas humanas. A cada manhã, quando o sol se levanta no horizonte, tudo se renova em nossas vidas com a oportunidade de viver mais um dia na plenitude de nossas existências. Depende apenas de cada um.

Em meus pensamentos, agradeci a Deus pela beleza da vida, pelo privilégio do aprendizado, pela magia do amor das criaturas que aprenderam a seguir os passos do Mestre Jesus e seus ensinamentos do amar, servir e seguir adiante sem olhar para trás.

O instrutor Pétrus, enquanto me abraçava, acompanhava meus pensamentos sorrindo bondosamente, como um irmão mais velho, amoroso e complacente, enquanto nos deslocávamos velozes em demanda à Colônia Irmão Nóbrega que, naquele instante, resplandecia à nossa vista qual uma constelação divina na grande obra do Criador.

Pelo amor ou pela dor

No dia seguinte, o instrutor me informou que se ausentaria da colônia em missão de estudos em outra esfera espiritual, mais elevada, deixando-me a incumbência de efetuar algumas pesquisas na biblioteca Eurípedes Barsanulfo.

Transcorridos alguns dias, tão logo retornou de sua missão, o instrutor me convocou para uma reunião em sua sala, informando-me que, naquela noite, estaríamos em visita à uma colônia localizada em outra região para um evento muito especial. Segundo me esclareceu o instrutor, ele teria a responsabilidade de proferir uma palestra em uma colônia espiritual que se localizava próxima a importante cidade do interior paulista, quase na divisa com o estado de Minas Gerais, denominada Colônia Maria de Nazaré, em homenagem à mãe de Jesus. O instrutor me adiantou que o teor da palestra era exatamente o objetivo dos estudos a que estava me dedicando, ocasião em que haveria uma singela mas merecida homenagem a dois notáveis irmãos de ideal, pela obra que um deles havia realizado em sua última existência, enquanto que o outro ainda se encontrava encarnado, mas em fase final de missão, com larga folha de serviços prestados em nome do amor e da caridade. Seria uma experiência memorável.

Quando lá chegamos, as horas iam avançadas na alta madrugada e o instrutor era aguardado com demonstração de respeito e carinho por parte dos responsáveis pelo evento.

Senti-me feliz e privilegiado ao conhecer os companheiros do labor cristão, responsáveis por aquela colônia. Fiquei surpreso com a acolhida, pois alguns companheiros demonstraram simpatia e conhecimento do trabalho que eu estava desenvolvendo, orientado pelo querido instrutor Pétrus.

Entretanto, quando identifiquei quem eram os irmãos homenageados, grande foi minha surpresa e minha alegria maior ainda. A cada um deles reservava, em minha memória, lembranças carinhosas. O primeiro ainda em experiência carnal, como dissera o instrutor, em fase final de seu sagrado mandato, representando, para cada um de nós, o verdadeiro discípulo de Cristo, um missionário do amor que soube fazer de sua existência verdadeiro apostolado em favor dos menos favorecidos. Eu o havia procurado por ocasião da moléstia impiedosa que me acometera no final de minha última existência física e de quem eu recebera benefícios consoladores em termos espirituais, porquanto a doença não deu tréguas, mas fortaleceu-me em espírito para a grande transição que representa a grande viagem. Ficou o sentimento de gratidão e carinho eterno, porque era ele um exemplo de humildade franciscana e caridade cristã. O outro amigo a quem me refiro era um irmão a quem eu devotava verdadeiro carinho, respeito e admiração, por tudo que vivenciara em sua última existência na condição de hanseniano, na Colônia de Pirapitingui. Lembrei-me do episódio que juntos havíamos experimentado na libertação de Razor, um feroz comandante das legiões inferiores. Naquele momento, senti-me como um pequeno aprendiz diante de grandes mestres da bondade e do saber, cujas credenciais de amor e humildade foram vivenciadas nos duros embates da existência física que cada um experimentou. Abraçamo-nos demoradamente com alegria pela oportunidade do feliz reencontro, enquanto minha memória retornava ao passado em experiências maravilhosas de aprendizado inesquecível.

Os amigos foram convidados a ocupar o lugar que lhes era reservado ao lado da tribuna, no tempo em que o instrutor se preparava para sua locução. Pude observar mais detalhadamente os presentes, os quais identifiquei, em grande número, irmãos encarnados em desdobramento pelo efeito do sono físico. Envolvido em intensas vibrações de amor e luz, o instrutor deu início à palestra da noite.

– *Queridos irmãos em Cristo, é para nós motivo de muita alegria o privilégio de estarmos hoje aqui, nesta colônia com a qual guardamos grande afinidade vibratória, amizade e carinho espiritual. Maior alegria ainda é a oportunidade de poder participar deste evento de amor com a presença de dois irmãos tão queridos, que se encontram presentes. Sabemos que eles não necessitam, não vivem e nem viveram o exemplo do amor e da caridade cristã em busca de louvores ou reconhecimento. Entretanto, nós, que os conhecemos no trabalho incessante do labor cristão nas lides espirituais, afirmamos que a homenagem desta noite é singela e sincera. Podemos afiançar que a maior recompensa eles já receberam em seus corações ao verem florir o fruto que ambos semearam em grande quantidade. Mas a presença destes irmãos queridos é para nós motivo de exemplo em que poderemos verificar que o brilho da centelha divina se manifesta naqueles que já compreenderam o verdadeiro sentido da vida, que já adquiriram a sabedoria para servir com humildade, respeitando as diferenças de credo, com a consciência de que a caridade não tem cor religiosa. Confesso a vocês que temos levado a efeito estudos sobre o comportamento humano diante da miséria e das dificuldades dos marginalizados da vida e nos surpreendemos diante da beleza de exemplos que dignificam os ensinamentos do Cristo e, por isso que a maioria das pessoas busca motivos para justificar a inoperância e a indolência diante da dor e da miséria humana. Alguns alegam falta de tempo, outros justificam falta de recursos monetários, outros apelam para as próprias dificuldades, outros ainda argumentam problemas físicos e de saúde, outros mais fundamentam suas desculpas para dizer que não são a palmatória do mundo e que miséria e miseráveis sempre haverão de existir na face da Terra. Lamentavelmente temos de reconhecer que o ser humano irá sempre buscar justificativas quando intimamente não deseja fazer algo. Busca a desculpa, a justificativa e a encontra. O que podemos dizer, com conhecimento de causa, é que quando o ser se eleva, conquista degraus na escala evolutiva do ser e a centelha divina manifesta a luz do amor, será capaz de servir em qualquer lugar que esteja, sejam quais forem as condições em que se encontre. Estes irmãos nossos aqui presentes são exemplos daqueles que realmente aprenderam a servir em nome de Jesus, percebendo que para eles o fardo foi leve e o jugo, suave. Quantas criaturas reclamam sua própria condição de dificuldades pessoais e financeiras para justificar a inércia? Podemos dizer que este nosso irmão – disse, referindo-se a um dos homenageados – passou por privações pessoais desde criança, quando se viu na condição de órfão, sendo amparado por mãos que ainda não haviam compreendido que apenas o amor, o carinho e a compreensão educam a inocência da planta que ainda é tenra e frágil para suportar o castigo e o açoite desnecessários. Nosso querido irmão, com seu coração grandioso de quem sempre soube perdoar com verdadeiro sentimento cristão, ainda nos diz que aquela pessoa foi, na verdade, uma grande educadora em sua vida, embora em sua inocência infantil, não pudesse compreender as implicações dos maus-tratos sofridos. Mas nada disso impediu que pudesse crescer, sempre com dificuldades, trazendo consigo o grandioso compromisso do sagrado mandato da mediunidade e, apesar de todo o trabalho desenvolvido, jamais obteve algum privilégio que não fosse o trabalho em nome do Cristo. As dificuldades financeiras que o acompanharam – e ainda o acompanham durante sua existência –, a doença do coração, o grave problema da moléstia que comprometeu sua visão e as limitações físicas de um corpo frágil não o impediram de trabalhar, amar, servir em nome do Cristo e seguir adiante sem esperar recompensas. A deserção de amigos queridos, a incompreensão de companheiros amados, as perseguições, a zombaria e os testemunhos constantes apenas foram motivos para fortalecer as disposições íntimas em favor do serviço e o bom ânimo em servir cada vez mais. A humildade foi sua característica marcante da conquista espiritual efetivada, o trabalho com Cristo foi a ferramenta a serviço do bem, a disciplina representou a confiança da espiritualidade superior, a disposição e o bom ânimo representaram o merecimento da tarefa que a poucos é confiada, as dificuldades, as pedras do caminho, os espinheiros, a ingratidão e a incompreensão representaram apenas desafios que estimularam ainda mais nosso irmão em sua trajetória, pois soube caminhar entre espinhos e pedregulhos, colhendo belas flores e frutos sazonados em terrenos muitas vezes estéreis e ressequidos, que acabam por frutificar quando regados com o amor de Jesus. Nosso irmão tem consciência de que sua missão encontra-se em fase final, mas sabe também que, apesar do corpo cansado, debilitado, das limitações impostas pela doença física, ainda terá de dar testemunhos importantes em nome do Cristo. O corpo não mais resiste, mas, em espírito, nosso querido irmão jamais esteve melhor em toda sua existência de apostolado. Podemos dizer que nosso irmão foi um "privilegiado" pois, segundo nosso querido Emmanuel, privilegiado é aquele que tem a oportunidade de servir em nome do Cristo. Nosso querido irmão foi um verdadeiro privilegiado, pois demandou toda a existência servindo em nome de Jesus, o Cristo.*

O instrutor fez pequena pausa para em seguida prosseguir emocionado:

– Nosso segundo homenageado da noite também nos traz a credencial das conquistas espirituais alcançadas por meio da trajetória marcante de sua última existência. Homem de rara inteligência e que poderia ter passado pela vida despercebido como tantos outros, não fora a visita da moléstia impiedosa que assolou seu corpo físico e alterou completamente os rumos de sua existência. Sofreu o impacto do estigma doloroso que atinge de forma irremediável os portadores daquele mal ao se ver confinado juntamente com seu filho em um sanatório de hansenianos, excluídos do convívio social e da família. A dor da separação dos seres a quem mais amava, a incompreensão ao ver seu filho

querido acometido da mesma doença, a revolta do primeiro momento, os questionamentos infindáveis e sem resposta, seriam fatores determinantes para abater o bom ânimo de qualquer criatura, como acontece com tantos outros. Entretanto, para nosso irmão, a doença representou estímulo e determinação para não se acomodar diante das vicissitudes da vida de forma que jamais se curvou nas desculpas perfeitamente compreensíveis para a desistência da luta. Sua busca pela compreensão da verdade foi tenaz e incessante e, na progressão irremediável da doença impiedosa que a cada dia desfigurava sua fisionomia de valoroso combatente, demonstrava sua grande capacidade da busca incansável pela verdade que viesse trazer a luz do esclarecimento, dos porquês da vida, dos problemas, do destino e da dor reservada a cada um. Finalmente, depois de longa e incessante busca encontrou seu oásis de luz onde pode saciar sua sede de saber e conhecimento por meio da Doutrina Espírita, compreendendo finalmente que tudo estava certo, que Deus, em sua infinita misericórdia, era justo e bom. Foi na bênção da fé raciocinada que nosso irmão se renovou em luz e energia para travar o bom combate, para dar um novo colorido a sua vida, para vencer com o Cristo no coração. À medida que a doença progredia, na proporção em que o corpo físico enfraquecido se extinguia, nosso irmão era um exemplo de coragem, trabalho, compreensão, alegria e determinação para todos os companheiros de infortúnio. Foi exatamente na fase mais difícil de sua existência, quando o corpo físico já não mais resistia, que mais trabalhou e exemplificou, amando, servindo, consolando a todos os que tiveram o privilégio de conviver ao seu lado. Quando o anjo da morte o libertou do corpo corroído pelas feridas ulcerosas, nosso irmão havia conquistado um importante prêmio diante da bondade divina: o de vencedor. Sim, meu irmãos, a recompensa de vencedor, porque havia vencido a grande batalha, esquecido de si mesmo, de suas dores, de suas mazelas para se dedicar em favor do próximo mais necessitado. Havia vencido a si mesmo; portanto, era um grande vencedor.

Inspirado, o instrutor Pétrus fez nova pausa, voltando-se para o público, antes de concluir sua oratória.

– *Meus amados irmãos, não iremos nos estender mais em nossa dissertação pois que a obra de cada um de nossos irmãos fala por si mesma. Além do mais, eles não buscam louvores uma vez que a humildade é para eles uma conquista espiritual efetivada, e nossa singela homenagem representa apenas um reconhecimento, amizade, carinho e apreço que lhes dedicamos com muito respeito. Para cada um de nós é o verdadeiro exemplo de que, quando existe desejo e determinação, a criatura humana supera todos os obstáculos para servir. Não importa a dificuldade financeira, o desemprego, o problema da dor, o abandono de amigos, a deserção dos entes queridos, a doença, o impedimento físico, a falta de tempo, pois quando existe desejo sincero do trabalho em nome do Cristo, o espírito vence todos os empecilhos, supera suas limitações íntimas e transpõe todos os obstáculos para amar e servir sem esperar recompensas nem louros. Entretanto, quando não existe vontade nem determinação, iremos procurar desculpas e, infelizmente, as encontraremos para continuar em nosso comodismo pernicioso que retarda nosso passo na longa caminhada em direção à ascensão espiritual. Que o exemplo de coragem e trabalho desses valorosos irmãos seja para cada um de nós um roteiro de luz que edifica em nós mesmos o reino de paz que Jesus nos recomendou. Que a paz de Cristo, o divino amigo, esteja no coração de todos!*

O instrutor concluíra sua preleção enquanto o ambiente se encontrava saturado de energias revigorantes em forma de luzes suaves que envolviam todos os presentes. Permaneci respeitosamente à distância uma vez que o fluxo de amigos que desejavam cumprimentar e abraçar os homenageados era muito intenso.

Quando finalmente a maioria dos presentes retornou às suas origens, as horas estavam avançadas. Da janela do grande salão, pude observar os primeiros albores da aurora que começavam a tingir o espaço cósmico. Em breve, o astro rei se levantaria no horizonte, anunciando mais um dia na existência terrena. O tempo é um talento precioso e sabíamos que nossos irmãos tinham suas responsabilidades a cumprir, mas, antes da partida, pudemos receber o abraço carinhoso de cada um, que nos encheu o coração de alegria.

– *Irmão Virgílio, é sempre um prazer reencontrá-lo na grande seara do Mestre. A tarefa do esclarecimento das mentes humanas é um exercício de aprendizado para nós mesmos uma vez que a luz que ilumina e aquece os corações igualmente nos traz o benefício do conhecimento e da compreensão da verdade, libertando-nos das dificuldades que nos emaranham quando nos distanciamos do amor e da caridade. Regozijemo-nos em Cristo* – concluiu o querido amigo –, *pois que apenas o Mestre foi o modelo perfeito que exemplificou cada palavra e cada gesto a cada passo do caminho.*

A emoção tomou conta do meu coração enquanto o segundo homenageado também nos abraçava.

– *Meu querido Virgílio* – disse-me carinhosamente –, *sei que este seu trabalho prende-se a estudos no que se refere aos intrincados recantos da mente e da consciência humana. Portanto, gostaria que fosse portador de um apelo de meu coração em favor dos meus queridos irmãos que sofrem do mal de Hansen. Ainda existe, nos corações humanos, muita ignorância a respeito da hanseníase e nossos irmãos de infortúnio sofrem o estigma que a doença traz no seio da sociedade. É um doloroso resgate de espíritos que já se prepararam para isso; entretanto, a exemplo do que aconteceu comigo, até encontrar a verdade que me libertou, também me revoltei contra a divina justiça. Meu apelo é que nossos irmãos espíritas possam, sempre que possível, desenvolver campanhas de esclarecimento a respeito deste mal que provoca medo em muitas pessoas. Que também não se esqueçam daqueles que se encontram segregados nas colônias de tratamento, levando até eles a palavra que esclarece e conforta. Existe o receio de contágio, mas podemos dizer que o tratamento controla adequadamente a doença. Como não existe acaso nem improviso nas lides espirituais superiores, jamais alguém contrairá a doença se não houver reajuste espiritual a cumprir. Por favor, Virgílio, anote em seus apontamentos para prestar o esclarecimento necessário, auxiliando as vítimas deste estigma milenar que ainda assola muitos corações, quando já nos encontramos no limiar do terceiro milênio*[10].

Notei que, ao recordar os irmãos portadores do mal de Hansen, o generoso amigo foi tomado por grande emoção, ficando com os olhos orvalhados de lágrimas, talvez por recordar reminiscências de sua última experiência na matéria e das lembranças de

10. O autor espiritual esclareceu que os episódios relatados neste livro ocorreram no final do século passado, entre 1997 e 1998. (Nota do Médium)

entes caros ao seu coração. Despedimo-nos com o coração repleto de gratidão pela noite memorável, retornando para nossa colônia, enquanto o sol espargia no horizonte luz, calor e alegria em mais um dia que saudava a grandeza da obra infinita do Criador.

Quando chegamos ao Edifício do Ensinamento, o instrutor concluiu os maravilhosos ensinamentos da noite, com suas observações sábias e oportunas:

– A lição proveitosa que podemos tirar de todo este aprendizado, na lição de vida daqueles nossos irmãos queridos, é que o mais importante, no exercício da caminhada evolutiva do espírito imortal, é a atitude, a ação e a boa vontade. O espírito não necessita buscar a perfeição nem o aprimoramento intelectual para praticar a caridade, mas se já desenvolveu em seu coração o sentimento de amor, humildade, sensibilidade e, acima de tudo, disposição e boa vontade, a ação e a atitude firme e decidida é que fazem a grande diferença no exercício da elevação espiritual que acende a chama da centelha divina que se encontra adormecida na consciência da maioria de nós outros. O que determinou as diferenças de comportamento daqueles irmãos em relação aos demais? Podemos afiançar que não foi a intelectualidade, nem a riqueza material, pois ambos não tiveram o privilégio das posses materiais, também não foi o excesso de tempo disponível, considerando que ambos foram extremamente ocupados no trabalho incansável do dia-a-dia para ganhar o sustento com dignidade, não foi a disposição determinada por uma saúde invejável, uma vez que ambos sofreram os rigores da debilidade física e da doença persistente. Como poderíamos considerar que pessoas em condições extremamente adversas reuniram forças para superarem as limitações íntimas, físicas,

financeiras, intelectuais e se destacarem exatamente onde a grande maioria, mesmo em condições excepcionais, fracassa? Podemos dizer, com toda segurança, que a grande diferença na vida de cada um é com certeza a boa vontade e a atitude. A palavra "libertação" encerra importante ensinamento de moral que nos conduz a profunda e íntima reflexão. Significa: "o conhecimento edifica o intelecto do espírito, mas é a ação firme e decidida que liberta definitivamente o espírito de suas amarras e que permite seu progresso e ascensão espiritual, uma vez que todo o conhecimento do mundo, sem a ação, torna-se estéril e sem utilidade". Portanto, libertação quer dizer: liberdade mais a ação. Liberdade pelo conhecimento, que associado à ação é que faz a grande diferença na vida de cada um.

Os conceitos traduzidos pelo instrutor eram profundos e mereciam extensas reflexões de forma que os anotei cuidadosamente para não perder o espírito do aprendizado. Concluindo, o generoso amigo me disse:

– *Na verdade, Virgílio, o Senhor dos Tempos é misericordioso e paciente. Sabe que cada filho tem seu tempo certo e o Pai Eterno espera pacientemente. Cada um de nós terá de trilhar com os próprios passos o longo caminho evolutivo. Entretanto, aquele que já desperta para as responsabilidades, ações e atitudes decididas, poupará para si mesmo sofrimentos e dores desnecessárias, pois, como todos sabemos, aquele que não caminha pelo amor, caminhará fustigado pela visita da dor e do sofrimento. O Pai Misericordioso não exige de nenhum de seus filhos atitudes nem esforços além de suas possibilidades e de suas forças, mas temos de ter o cuidado em não resvalarmos nos perigosos desfiladeiros da inoperância, da negligência, da preguiça e da indolência perniciosa que nos levam ao próprio retardamento em detrimento de nosso desenvolvimento espiritual.*

O instrutor fez breve pausa, enquanto concluía minhas anotações, para em seguida me dizer:

– *Hoje, à tarde, iremos fazer nova visita à Irmã Marcelina no galpão da cooperativa, para acompanhar o andamento das atividades.*

Fiquei feliz com a notícia do instrutor. Realmente encontrava-me ansioso para saber a evolução do novo trabalho em que das Dores havia se engajado, bem como saber como estavam Maria do Rosário e Sebastião em suas novas atividades como apanhadores de papelão. No fundo ansiava também por notícias de Clarinda, a infeliz mãezinha de Julinho e André. Todavia, havia aprendido a ter paciência, pois sabia que, no momento adequado, o instrutor dar-me-ia as informações necessárias. Tudo no momento certo, pois possivelmente ainda não houvera nenhuma solução para o caso de Clarinda.

Quando chegamos ao barracão da cooperativa, o movimento era intenso. Irmã Marcelina ainda não havia chegado e me surpreendi quando verifiquei que das Dores, à frente da recepção dos materiais e da pesagem, desenvolvia com alegria e desenvoltura sua tarefa. A antiga carroceira agora parecia outra pessoa: com os cabelos penteados, vestida de forma simples mas adequada ao serviço, seu sorriso exibia uma novidade: uma prótese dentária dava uma aparência mais agradável ao seu sorriso, e sua fisionomia parecia mais suavizada. Percebia-se que das Dores havia se adaptado rapidamente, pela desenvoltura e pelo respeito com que tratava os trabalhadores e com a consideração com que a tratavam. Havia sempre um sorriso, um cumprimento respeitoso ou uma saudação que fazia com que o ambiente fosse harmônico e equilibrado.

Enquanto Glaucus nos recepcionava, passei a observar a tarefa que das Dores levava a efeito: orientava na separação dos diversos materiais, acompanhava a pesagem, providenciava as anotações no formulário de pagamento, apanhava a assinatura do trabalhador e encaminhava ao caixa. Fiquei impressionado com a agilidade da senhora que, apesar da idade, parecia renovada em suas energias, vibrando alegria e bom humor com cada um que chegava:

– Olá, Severino, como vai, meu filho?

– Não está fácil não, das Dores.

– Mas vai melhorar, meu filho, não desanime não. E os filhos como vão?

A menção dos filhos trouxe o sorriso de volta à fisionomia do trabalhador.

– Ah! Meus filhos estão cada dia mais lindos, das Dores. Você precisa vê-los.

– Pois traga-os neste final de semana para que eles possam brincar com Julinho e André.

– É o que sempre falo, das Dores; eu sofro, mas por meus filhos sou capaz de tudo. Tenho fé que quando crescerem terão melhor sorte que o pai deles. Quem sabe, serão doutores.

– Você tem razão, Severino, pelos filhos vale a pena viver e lutar. Com certeza, no futuro, eles poderão ser doutores e certamente irão se orgulhar do pai que tiveram. Mas eles precisam estudar.

– É, você está certa, das Dores. Já falei com Irmã Marcelina. Ela irá providenciar para que meus filhos possam estudar. Ela me disse que o centro espírita está criando uma escola profissionalizante para jovens carentes. Quero que meus filhos estudem e tenham uma profissão, para que possam progredir na vida e, quem sabe, um dia se tornarem doutores.

O diálogo singelo daquelas criaturas simples era algo que tocava meu coração. Severino segurava o chapéu com as mãos, enquanto o suor corria pelo seu rosto. Seus olhos se enchiam de brilho e lágrimas quando mencionava a possibilidade de seus filhos crescerem e se tornarem um dia “doutores”.

Naquele momento, Irmã Marcelina chegava à instituição. Pediu um minuto de atenção a todos os presentes pois gostaria de dar uma importante notícia. Imediatamente todos se postaram ao lado da benfeitora amiga, em silêncio respeitoso.

– Meus queridos irmãos, hoje é um dia muito feliz em minha vida. Gostaria de dizer que esta conquista só está sendo possível em virtude do trabalho de das Dores, que assumiu importante trabalho na cooperativa, que antes era minha atribuição. Agora tenho tempo para cuidar de outras coisas também importantes. Quero dizer-lhes, em primeira mão, que conseguimos a doação de um terreno em uma região próxima à cooperativa, onde nossa instituição pretende construir uma escola profissionalizante voltada ao ensino de jovens carentes. Este é um antigo sonho que agora estaremos realizando. Considero que educação profissionalizante voltada aos nossos jovens, nossos filhos – disse, voltando-se aos carroceiros – é algo que poderá contribuir para fazer a diferença na vida de cada um, edificando bases sólidas educativas para que amanhã nossos filhos sejam cidadãos honestos, respeitados e que tenham recursos suficientes para lutar pela vida com dignidade. Volto a dizer – ressaltou, abraçando das Dores – que tudo isso se torna possível porque encontrei alguém que pudesse substituir-me no trabalho da cooperativa, numa posição na qual não poderia ser outra pessoa que não fosse alguém como das Dores. Esta é uma alegria que quero partilhar com todos em primeira mão.

O pequeno grupo aplaudiu Irmã Marcelina com emoção. Das Dores chorava emocionada com as palavras de sua benfeitora. A boa velhinha que sempre fora uma lutadora e cuja vida fora de dificuldades imensas não cabia em si de alegria e satisfação. Elogios sinceros fazem prodígios e uma coisa que Irmã Marcelina sabia fazer era reconhecer os valores das pessoas e ressaltá-los.

– Agora voltemos ao trabalho – finalizou Irmã Marcelina – porque trabalho é que não irá faltar a todos nós daqui para a frente.

Enquanto a rotina voltava ao normal no barracão, Irmã Marcelina se encaminhou para o escritório para examinar as contas e o andamento da cooperativa. Verificou os volumes de papel, de papelão, de plásticos, de garrafas de polietileno, de latas de alumínio e outros os materiais recicláveis. Surpreendeu-se com o aumento de volume de materiais arrecadados. Em seguida examinou os pagamentos dos coletores, como eram chamados os carroceiros, verificando que os gráficos demonstravam aumento na rentabilidade geral de cada um. Observou, satisfeita, o nome de Maria do Rosário e Sebastião entre os coletores.

Absorta em suas observações, não percebeu que a porta do escritório se abriu: estava recebendo uma visita inesperada. Olhei perplexo para o instrutor, pois também fiquei surpreso com a repentina visita: era Cristina, a jovem advogada de Clarinda. O que a defensora pública estaria fazendo na cooperativa dirigida por Irmã Clarinda? O instrutor sorriu pedindo-me para acompanhar o diálogo.

– Cristina, minha querida sobrinha, a que devo o feliz evento de sua visita à nossa humilde casa?

– Ah! Titia, por duas razões muito sérias e justas: primeiro estava com muitas saudades suas. A senhora sabe que te adoro e que a considero mais que minha tia, mas uma amiga, uma conselheira. Então vim matar saudades. Em segundo lugar, porque preciso de uma orientação da senhora.

Tia e sobrinha se abraçavam carinhosamente. Recordei que Irmã Marcelina havia comentado uma ocasião que tinha uma sobrinha que era idealista, que lutava pelos direitos dos menos favorecidos da sorte. Jamais poderia imaginar que se tratava da jovem advogada de Clarinda. O instrutor sorriu diante da minha surpresa, dizendo:

– Não existe acaso na ordem do Criador, Virgílio. Tia e sobrinha são dedicadas à prática do bem, em favor dos necessitados e dos desamparados. Reencarnaram com esta missão e é natural que, no exercício da caridade que ambas exercem, os intrincados caminhos do destino encontrem pessoas afins que convergem para o bem comum. É o que verificamos neste momento: Irmã Marcelina acolhe das Dores, a criatura que acolheu os filhos de Clarinda, enquanto que sua sobrinha

defende a infeliz mãezinha da complicada teia em que se enredou. Por isso o Evangelho *nos diz com sabedoria: "Portanto, não se preocupem com o dia de amanhã, pois o dia de amanhã terá suas preocupações. Basta a cada dia a própria dificuldade"*[11]*. Confiemos em Deus pois, no curso natural das coisas, no final, tudo se encaixará no momento certo.*

Aquiesci, feliz, com a sábia observação do instrutor. Realmente, o episódio em questão demonstrava de forma perfeita que, no trabalho do bem, em nome do Cristo, não existe acaso nem improvisação, apenas o resultado lógico decorrente da prática da caridade que deságua na mesma vertente de amor ensinada pelo Divino Mestre, sendo aqueles que abraçam o serviço do Cristo, instrumentos do amor que são utilizados pelas forças superiores para a consecução do bem comum em favor de todos os necessitados. Naquele caso, os necessitados eram Clarinda e seus filhinhos, e os instrumentos eram das Dores, Irmã Marcelina e Cristina.

Voltei minhas observações para a tia e sobrinha que conversavam animadamente:

– Minha querida sobrinha, você nem imagina como fico feliz com estas visitas surpresas que me faz. Aliás, deveria fazer mais destas visitas porque você sabe que me alegra os olhos. Como você está linda, minha filha! É uma pena que Deus não me concedeu uma filha, mas, se tivesse, queria que fosse exatamente como você. Mas você disse que precisa de uma orientação. E então, disponha, porque se existe algo que me deixa muito feliz é poder te auxiliar ou orientar em algo. Diga-me: o que posso fazer por ti?

11. Mateus, 6: 34. (N.A.E.)

– Este é um caso muito sério, titia. Não quero pedir conselho ao papai porque você sabe a opinião dele a respeito de meu trabalho. O vovô tem estado muito ocupado e eu só irei pedir-lhe algum conselho em última instância. Portanto, só a senhora pode me ajudar.

– Vejo que o caso parece mesmo complicado, minha querida. Vamos, diga-me exatamente do que se trata e verei o que posso fazer para te orientar.

A jovem advogada respirou fundo e relatou seu problema.

– Na verdade, titia, trata-se do meu primeiro caso como defensora pública. É uma moça que foi presa tentando roubar comida para seus filhos. Ela já se encontra encarcerada há mais de seis meses, e o juiz não acolheu os argumentos do *habeas corpus* que impetrei em favor da ré.

– Me relate com mais detalhe o que ocorreu, minha filha. Ela foi presa simplesmente porque estava roubando comida? Como foi isso, me conte!

– Sim, titia, mas teve alguns agravantes. Ela tentava roubar um pacote de bolachas, alguns iogurtes para seus filhos que passavam fome. Apanhou também um carrinho de brinquedo e, quando a autoridade policial tentou prendê-la, resistiu à prisão por estar desesperada.

– E você entrou com pedido de *habeas corpus*? A ré é primária?

– Sim, titia, Clarinda é primária, mas o juiz indeferiu meu pedido para que a ré pudesse responder ao processo em liberdade, pois as outras prisioneiras não a suportam, dizendo que ela é muito agressiva e briguenta. Aliás, numa dessas brigas, ela foi ferida com um estilhaço de vidro, ficando cega de um olho. Ah! Meu Deus, titia, estou desesperada porque na apreciação do *habeas corpus*, o juiz determinou que ela continue presa porque a considera muito violenta, em virtude das brigas ocorridas na cela. Ah! titia, morro de pena dela. Se a senhora a visse, iria verificar que se trata apenas de uma mãe desesperada pela separação dos filhos. Ela não tem se alimentado adequadamente e está muito magra, está esquelética e com a saúde abalada. Chora o tempo todo por desespero e agora, para piorar, ficou cega de um olho. Tenho a preocupação de que se não a libertar com urgência, algo pior pode acontecer. Pedi em recurso para que ela fosse colocada em cela separada para evitar mais agressões e, pelo menos neste aspecto, obtive deferimento favorável, mas estou muito preocupada pela segurança de minha cliente, titia.

Irmã Marcelina ficou pensativa por alguns instantes e, em seguida, chamou das Dores ao escritório. Quando a senhora adentrou a porta, pediu-lhe que a informasse tão logo Sebastião chegasse da rua.

– Sebastião acaba de chegar, Irmã Marcelina.

– Ótimo, então peça para que ele venha aqui imediatamente.

– Quem é Sebastião, titia? – perguntou curiosa a jovem advogada.

– É um senhor que se tornou-se associado de nossa cooperativa há pouco tempo. No passado ele foi advogado. Não custa ouvi-lo a respeito, até para verificar até onde vai o nível de seus conhecimentos e de sua experiência como advogado – respondeu, com um sorriso, Irmã Marcelina.

Naquele momento chegou Sebastião. Também fiquei surpreso com a melhoria do aspecto físico e da aparência do antigo morador de rua. Agora trajava roupas simples mas limpas, o cabelo cortado e a barba bem aparada denotavam significativa mudança na atitude e no comportamento daquele homem que até, há pouco tempo, era simplesmente um farrapo humano a se arrastar pelas ruas da mendicância.

– Boa tarde, Irmã Marcelina – cumprimentou educadamente abaixando a cabeça em sinal de consideração.

– Boa tarde, seja bem-vindo, Sebastião – respondeu com cortesia e respeito. – Sente-se, gostaria de expor uma situação e ouvir sua opinião como se fosse um advogado. Qual seria sua alternativa de argumentação?

Irmã Marcelina comentou então o caso em todos seus detalhes. Sebastião coçou o queixo pensativo, comentando em seguida:

– Meu Deus! Que absurdo! Não que nossa irmã não tenha cometido delito e não tenha de ser punida pelo acontecido, mas vemos que infelizmente acaba existindo rigor excessivo na aplicação da lei quando se trata de pobres e minorias desfavorecidas. Em minha opinião, qualquer juiz de boa vontade consideraria um *habeas corpus* em favor da ré, mas não vamos esperar atitude como esta porque muitas vezes nossos magistrados também se encontram assoberbados com o volume excessivo de causas a serem analisadas e, em outros casos, também falta um pouco de bom senso e boa vontade. Mas neste caso existem fatos que complicam uma análise favorável, portanto temos de entender os prós e contras para se obter sucesso nesta empreitada: primeiramente, vocês já me disseram que a ré é primária. Isso é um ponto favorável. Todavia, existem alguns pontos desfavoráveis como o fato de ela não ter emprego, não ter residência fixa, as rusgas e brigas que ocorreram na cela. Então, trata-se de um caso aparentemente simples, mas extremamente difícil pela complexidade que envolve a própria ré. Confesso que teria de analisar melhor o processo.

Cristina estava encantada com a clareza de argumentos que Sebastião proferia.

– O senhor teria um tempo para me acompanhar ao fórum e examinar o processo?

O antigo pedinte de rua parecia não acreditar no que ouvia. De repente sentiu-se emocionado e seus olhos se encheram de lágrimas.

– O dia e a hora que a senhora quiser, doutora! Poder novamente ir ao fórum e examinar um processo é algo extraordinário! Isso me parece um sonho que até há alguns dias pensava ser impossível de realizar – exclamou emocionado enquanto as lágrimas desciam pelo seu rosto.

– Então amanhã eu virei aqui apanhá-lo por volta das catorze horas, tudo bem, Sebastião?

– Tudo bem, doutora, estarei esperando ansiosamente! Tenho apenas um problema.

– Qual é o problema, Sebastião? – perguntou Irmã Marcelina.

– Sinto-me envergonhado em dizer-lhe isto, Irmã Marcelina, mas não tenho uma roupa adequada para ir ao fórum.

– Ah! Que não seja esse o problema, Sebastião. Termine seus afazeres com das Dores e, quando estiver livre, iremos até uma loja e comprarei um terno para que amanhã você possa comparecer ao fórum vestido adequadamente.

Sebastião deixou a pequena sala do escritório radiante de alegria, quase sufocado pela emoção, e queria contar a novidade à sua companheira de luta:

– Rosário de Deus, você não imagina que amanhã vou ao fórum com a sobrinha de Irmã Marcelina, que é advogada! Irei examinar com ela um processo. Irmã Marcelina comprará um terno para que eu possa ir ao fórum. Rosário de Deus – repetia afobado –, parece um sonho mas amanhã estarei novamente indo a um fórum na condição de advogado!

Rosário abraçou o companheiro em lágrimas! Ela também sentia-se contagiada pelo entusiasmo e pela emoção de Sebastião. Observei que a companheira de Sebastião também parecia renovada. Estava bem cuidada e com a fisionomia mais jovem.

Enquanto o clima era de muita alegria e satisfação, não pude deixar de comentar com o instrutor e com Glaucus as transformações ocorridas com aquelas pessoas. O instrutor sorriu com minha observação esclarecendo-me:

– Interessante sua observação, Virgílio, pois muitas vezes o próprio ser humano ignora sua capacidade de transformação e superação dos problemas. Todos somos filhos do Criador Eterno, trazemos em nossa natureza as potencialidades do espírito adormecidas, a centelha divina que ainda dormita na maioria. Entretanto, desde que haja o estímulo necessário, podemos observar a diferença entre aqueles que

já despertam em si as forças espirituais, e aqueles que ainda jazem na dormência. Voltamos a enfatizar que, antes de mais nada, há de existir o fator de estímulo, que depende de cada um na capacidade de reagir. Enquanto existem aqueles que, ao leve toque do estímulo, respondem positivamente, outros ainda demandarão mais tempo para que a chama possa acender e despertar para a motivação íntima que transforma as criaturas. Nesse caso observamos que das Dores já era uma pessoa pró-ativa e preparada. Apesar de sua condição de dificuldades, foi uma pessoa que sofreu os duros golpes do buril sem se abater na dura luta do dia-a-dia. No caso de Sebastião, é um caso mais complicado. Já fora um homem de formação cultural privilegiada, que algum acontecimento desastrado em sua vida atirou-o no abismo da mendicância, da bebida e da miséria. Perdeu a auto-estima, a vontade de lutar, transformando-se num horrível farrapo humano levado pelo sabor dos ventos impiedosos. Rosário é uma mulher infeliz que não conseguiu reagir à uma situação de duras provações, entregando-se ao desespero e ao abandono. Afinal de contas, o encontro com das Dores e Irmã Marcelina foi o fator preponderante que alterou as vidas destas criaturas de forma positiva e o resultado estamos vendo aqui hoje. Mas poderíamos dizer: não havia outros embaixo do viaduto na noite em que Irmã Marcelina ofereceu oportunidade de trabalho? Quantos atenderam ao convite? Possivelmente, a grande maioria continua como pedintes, dormindo embaixo de pontes e viadutos, sofrendo os rigores do frio e da miséria. Mas não faltarão os cireneus e samaritanos abnegados oferecendo um prato de sopa e oportunidades, na espera que o tempo se encarregue de acender a luz da vontade e da determinação em outros Sebastiões, Rosários e das Dores da vida, convocando-os para o despertar de uma nova oportunidade, pois a cada dia que o sol se levanta no horizonte, renovam-se as possibilidades na vida de todos. Depende apenas da atitude de cada um.

Fiquei pensativo com aquelas palavras cujos ensinamentos traduziam elevados conceitos a respeito do ser humano. Não havia reprimenda, nem condenação, pois o Criador é paciente aguardando que a ação do tempo transforme as criaturas, pelo amor, ou pela dor. Cada um tem a sua liberdade de escolha.

Ação e reação

No dia seguinte, acompanhamos a visita de Cristina e Sebastião ao fórum. Quando a jovem advogada chegou ao grande edifício localizado na Praça Ramos de Azevedo, Sebastião já se encontrava a postos na entrada, trajando um terno preto, que lhe dava um aspecto de homem respeitável. Jamais alguém que o conhecera há algum tempo reconheceria o antigo pedinte nas condições em que se apresentava.

Cristina sorriu ao observar a postura circunspecta do antigo advogado.

– Boa tarde, Sebastião! Agora, sim, tenho esperança que, com sua ajuda, encontrarei argumentação sólidas para conseguir o *habeas corpus* para minha cliente. Vamos subir – convidou – pois estes elevadores costumam ser demorados.

Quando chegaram, Cristina, após identificar-se, pediu o processo para exame. Tão logo chegaram os documentos, Sebastião passou a observar atentamente as peças que compunham o processo. O registro da queixa de tentativa de furto, a declaração dos policiais a respeito da resistência à prisão, a agressão ao policial eram documentos frios, que alguém mais apressado e que não conhecesse a realidade dos fatos ocorridos, tomaria Clarinda como uma ladra qualquer, uma mulher violenta, uma agressora perigosa que não tinha profissão nem residência fixa. O rigor da lei foi implacável para a infeliz. Os documentos e provas não traduziam a imaterialidade do furto, não registravam a condição de mãe desesperada pela prisão e perda dos filhos, não revelavam que era uma criatura simples e humilde como tantos que perambulam pelas ruas em condições da mais absoluta miséria e, portanto, não representava nenhum risco para a coletividade. Era apenas uma mãe em desespero de causa, na tentativa desarvorada de prover alimento para os filhos que, em momento de angústia, sucumbiu diante de um instante de irreflexão. Sebastião observou que o *habeas corpus* impetrado por Cristina estava bem fundamentado e fatalmente teria parecer favorável do magistrado, se aquele fosse qualquer outro caso. Não o caso de Clarinda. O juiz fora lacônico em seu despacho, negando o *habeas corpus* para que a ré pudesse responder o processo em liberdade, uma vez que ela não possuía residência nem emprego. Argumentava ainda que, uma vez em liberdade, jamais seria encontrada novamente.

– Realmente a situação de sua cliente é muito complicada – observou Sebastião. – Tudo depõe contra ela e infelizmente são em provas documentais que o juiz baseia seu julgamento. Em minha opinião, acho difícil o próprio juiz reverter uma decisão que ele próprio emitiu; todavia, não temos alternativa no momento a não ser recorrer novamente buscando a sensibilidade do juiz, argüindo a imaterialidade dos furtos e a condição de ré primária. Talvez o caminho ainda seja este – concluiu.

– Gostei de sua observação, Sebastião. Vamos ao meu escritório e lá redigiremos novo pedido de liberdade para Clarinda.

Rapidamente os dois saíram em direção ao pequeno escritório de Cristina. Sebastião parecia radiante de satisfação por novamente manusear um processo e participar de algo em que fazia renascer em seu íntimo antigos sentimentos de uma alegria que considerava para sempre perdida em sua vida.

Enquanto isso, o instrutor observou:

– *Deixemos que prossiga o curso normal dos acontecimentos, Virgílio. É de suma importância o esforço e a dedicação de Cristina, com seu sentimento de altruísmo na defesa dos menos favorecidos, e a participação de Sebastião, para recuperar os valores mais nobres de um coração que, por algum tempo, deixou-se abater pela contrariedade das peças que a vida muitas vezes prega para testar a têmpera dos espíritos em luta que, muitas vezes, apagam a própria chama da vontade de viver e lutar. Tudo na vida tem uma razão, uma causa, e ninguém jamais colhe algo sem antes haver semeado. Tudo tem sua hora, seu valor e, principalmente, quando estão envolvidas criaturas do calibre de nossa Irmã Cristina, de Irmã Marcelina, de das Dores e agora Sebastião, que buscam amenizar o sofrimento das pessoas movidas apenas pelo desejo da prática do bem sem nenhum sentimento egoísta, o final feliz será apenas uma questão de tempo. Devemos respeitar as leis, a despeito de aparentemente ocorrerem injustiças, mesmo porque as decisões são tomadas por análise fria da lei, contrariando muitas vezes o bom senso e a sensibilidade.*

Fiquei meditando nas palavras proferidas pelo instrutor, pensando que realmente ele estava coberto de razão. As leis humanas refletem ainda o estágio evolutivo em que nos encontramos e o atraso moral que vivemos. Torna-se difícil imaginar que existem pessoas inescrupulosas que – investidas do mandato outorgado a elas para poder legislar em favor dos necessitados – subvertem a ordem desviando recursos, conseguindo escaparem ilesas das malhas da Justiça, por meio de bons advogados, artimanhas legais e recursos jurídicos infindáveis, enquanto uma pobre criatura que apenas por tentar furtar alimento para os filhos, esteja sofrendo conseqüências tão infelizes como era o caso de Clarinda.

O instrutor acompanhava o teor de meus pensamentos, respondendo-me sem demora:

– *Existe lógica em sua linha de raciocínio, Virgílio. Entretanto, há que se ponderar que enganam-se aqueles que imaginam que poderão fazer e desfazer a seu bel-prazer, e que, sob o peso do poder financeiro e das influências políticas, passarão salvos ao arrepio da lei. Um dia, não muito distante, tomarão conhecimento do terrível equívoco que cometeram, pois que as leis humanas ainda apresentam falhas e desvios de julgamento, já que refletem a própria condição da imperfeição humana, de forma que, apesar dos pesares, temos de respeitá-las – e nem poderia ser de outra forma – e lutar pela justiça. Dia chegará em que a verdadeira lei apanhará os culpados, que serão envolvidos nas teias do próprio sentimento de culpa, e aqueles que hoje julgam também serão julgados não por tribunais insensíveis, mas pelo tribunal da própria consciência. O caminho do progresso espiritual é lento mas inabalável, Virgílio, e hoje aqueles que conseguem burlar a lei, amanhã sofrerão as conseqüências das causas praticadas noutra parte, pela Lei da Ação e da Reação, sem jamais nos esquecermos de que atuando em conjunto com a Lei de Causa e Efeito, sempre haverá o equilíbrio da lei de misericórdia divina, intercedendo em favor do faltoso arrependido.*

Interessado do ensinamento que o instrutor transmitia, registrei cuidadosamente suas palavras para que pudesse, em momento oportuno, dedicar-me em análise mais profunda de assunto tão palpitante. Todavia, não poderia perder oportunidade tão valiosa para melhor explorar e compreender a complexidade da Lei de Ação e Reação, Causa e Efeito, bem como a atuação da lei de misericórdia em favor dos faltosos.

– *Instrutor Pétrus* – inquiri interessado –, *gostaria que pudesse esclarecer um pouco mais sobre como ocorre na prática e como se aplica na vida, no cotidiano, a Lei de Causa e Efeito e a lei da misericórdia.*

O instrutor aquiesceu bondosamente ao meu questionamento.

– *Na verdade, Virgílio, as leis divinas são soberanas, imutáveis e, acima de tudo, sábias, contribuindo de forma justa, equânime e de forma misericordiosa para o progresso das criaturas. Como dissemos anteriormente, desde os primórdios dos tempos, quando das manifestações primeiras do princípio inteligente, na longa e penosa caminhada evolutiva até atingir a condição do espírito humano individualizado, tudo obedeceu a uma ordem soberana, imperiosa e natural. Quando atingiu a condição humana, o espírito continuou sofrendo a ação destas leis, que obedeceu de forma natural e inconsciente, assim como continua ocorrendo com os nossos irmãos menores do reino animal. Uma força maior e incompreensível rege os destinos das aves e dos animais em todo o reino da natureza de forma sábia e perfeita. Assim podemos observar que o canário-da-terra se acasala apenas com a fêmea de sua espécie, o sabiá-laranjeira se acasala apenas e tão somente com a fêmea de sua espécie, o falcão se acasala apenas com a companheira correspondente de sua espécie e assim por diante. Os animais, embora de forma irracional, unem-se por uma força superior que não compreendem mas obedecem ao impulso que denominamos instinto, se acasalam, protegem de forma instintiva seus ninhos e filhotes, suprem as necessidades e cuidam para que a prole cresça saudável, provendo carinho, proteção e alimento até que atinjam a condição de auto-suficiência e possam prover suas próprias necessidades. Tudo é sábio, tudo é perfeito e tudo se encadeia no complexo processo da criação e da evolução do espírito inteligente que ainda estagia no reino animal de forma que todas as espécies encontrem na natureza todos os recursos necessários para sua sobrevivência e evolução. Os animais não raciocinam de forma lógica, mas instintivamente sabem como se resguardar, proteger sua prole, buscar os recursos para construir seus ninhos, onde construí-los de forma segura, gerar, cuidar e amparar seus filhotes até que atinjam a maturidade. Tudo obedece aos ditames das leis naturais e soberanas estabelecidas no grande plano da criação pelo Senhor do Universo. Os animais ainda não estão sujeitos às leis de Ação e Reação, nem de Causa e Efeito. Todavia, o ser humano ainda caminhou durante muito tempo ainda na condição de primata, e, na aurora da existência humana, ainda não havia desenvolvido raciocínio e compreensão suficientes para responder por seus atos. O tempo correu de forma implacável e antigos antropóides evoluíram de forma natural, pelas dores, pelas experiências e pela reencarnação até atingir a condição do livre-arbítrio, estágio em que já havia alcançado a compreensão do certo e do errado, do lícito e do ilícito. Com o domínio do raciocínio lógico, com a conquista do livre-arbítrio, estabeleceu-se, em contrapartida, a responsabilidade pelos atos praticados, isto é, o ser humano ficou sujeito à Lei de Ação e Reação, Causa e Efeito. Isso equivale a dizer que, desde então, quando praticamos o erro, o fazemos com conhecimento de causa e, portanto, iremos sofrer as conseqüências dos atos realizados de forma indevida. Quando prejudicamos alguém de alguma forma, teremos como conseqüência a necessidade da reparação do mal praticado para poder evoluir e progredir espiritualmente. Em seu progresso, no domínio do livre-arbítrio, o ser humano caminha pelos próprios pés e é responsável por todo bem ou mal que pratica. Como vimos anteriormente, a atitude, a determinação e a ação é que se tornam os grandes diferenciais na evolução espiritual de cada um. Observamos que alguns espíritos são aplicados e determinados, conseguindo apressar o processo evolutivo por intermédio de suas atitudes, enquanto outros tantos se entregam à indolência, ao comodismo e à negligência retardando os passos. Fazendo uma comparação apenas para efeito de entendimento, poderíamos dizer que temos uma contabilidade para cada espírito, em que o bem praticado é lançado a crédito e o mal praticado, lançado a débito. Os créditos espirituais credenciam o espírito a galgar degraus evolutivos enquanto que os débitos vão comprometendo cada vez mais sua contabilidade espiritual. Para os faltosos obstinados, e em casos extremos, a espiritualidade superior pode lançar mão de recursos que determinam a suspensão temporária do livre-arbítrio. Assemelha-se às leis comerciais humanas em que o poder público age de forma prudente e protetora em favor do próprio interessado, decretando a moratória da casa comercial para evitar sua falência. Assim sendo, casos complexos em que o espírito faliu de forma reiterada por existências seguidas, abusando de seus atributos e talentos ou ainda, os casos de suicidas compulsivos, a espiritualidade superior também atua em favor do interessado, por meio de existência moratórias ou compulsórias, para evitar a falência do espírito.*

O instrutor silenciou por alguns instantes em uma pausa natural. Encontrava-me impressionado com os profundos conceitos que o generoso amigo transmitia, de forma que minhas anotações procuravam atender com fidedignidade o teor dos ensinamentos de que era portador. Em seguida, o instrutor prosseguiu:

– Entretanto, de um modo geral, todos os indivíduos encarnados e mesmo desencarnados agem de conformidade e no completo domínio de seu livre-arbítrio. Cada gesto fica registrado de forma marcante na consciência, na memória etérea do espírito, existência após existência. Interessante observar que todas as ações e atitudes acabam refletindo no corpo perispiritual e, dessa forma, se o espírito se dedicou à prática do bem, seu corpo perispiritual irá refletir como aquisição de virtudes espirituais pela luz que do corpo perispiritual irradia e que vai se rarefazendo e se sutilizando à medida que progride na escala espiritual. O contrário também é verdade, pois o corpo perispiritual reflete na condição grosseira, na aparência escura a condição da brutalidade do espírito, a condição do egoísmo, da maldade, da ganância, do avareza, do rancor, do ódio, das mágoas, dos ressentimentos de posse desmedidos. Por esta razão, Jesus em seus ensinamentos nos disse com conhecimento de causa: "Não cairá um fio de vossos cabelos, nem a folha de uma árvore sem que meu Pai o saiba". É exatamente porque tudo fica registrado em nossa própria consciência que um dia nos acusará de nossos próprios atos praticados

indevidamente. Já sabemos que todos nós como espíritos imortais, na condição de centelha divina que contém os atributos da divindade, nosso glorioso destino final será a perfeição. Entretanto, não se atinge a perfeição senão pela evolução. Dessa forma, sabemos e temos consciência de que a evolução é uma necessidade do espírito e, mais uma vez, Jesus nos alerta: "quem não evolui pelo amor, evoluirá pela dor". Assim sendo, o espírito em sua caminhada vai acumulando débitos e, se por comodismo estagia na indolência, na preguiça compulsiva e na negligência, acaba por receber a visita da dor como provações e resgates que obrigam o espírito a se movimentar. Todavia, se nossa contabilidade de débitos é imensa, a misericórdia divina é maior ainda de forma que o espírito faltoso tem a condição de se preparar ao longo das existências e na medida em que se fortalece adequadamente, então vai aos poucos quitando suas dívidas com o Pai Misericordioso. A lei da misericórdia atua sempre em favor do faltoso quando este se propõe a quitar débitos por meio do trabalho, da caridade, da prática do bem, do amor com desapego, das aquisições espirituais de humildade e da disciplina. Se um espírito prejudicou seu semelhante em existência pretérita, poderá reparar o mal praticado com o próprio envolvido por intermédio da prática do bem, recebendo-o em seu seio familiar como filho, como irmão, como esposo ou esposa. Assim, aquele que, por uma ação infeliz tirou a vida de outrem, pela lei de reação teria também de sofrer igual violência, desencarnando de forma violenta como a ação praticada a outro noutra existência. É então nessas circunstâncias que a lei de misericórdia age em favor do faltoso que se arrependeu com sinceridade, permitindo que por meio da transformação íntima, a intensidade da reação seja atenuada em benefício do espírito arrependido. É de suma importância que não nos esqueçamos de que o

Pai misericordioso permite que os débitos oriundos de nosso passado de erros clamorosos possam ser resgatados pelo arrependimento sincero, pela prática do amor verdadeiro, pelo perdão incondicional e pela caridade pura em vez de sofrimento pela visita da dor no resgate de nossas faltas, de nosso passado delituoso. O apóstolo dos gentios nos disse com sabedoria: "Sobretudo, conservem entre vocês um grande amor, porque o amor cobre uma multidão de pecados". Dessa forma, enfatizou que o espírito, sem despertar o sentimento de amor verdadeiro, demandaria precioso tempo estagiando na insensibilidade e sofrendo as conseqüências pela dureza do címbalo[12] *que retine, mas conserva a frieza do sentimento*[13]*. Costuma-se dizer que é necessário que o espírito desenvolva duas asas para alcançar o equilíbrio em sua ascensão evolutiva: a asa do amor, da bondade e da humildade e a outra asa da sabedoria. Ora, se o espírito desenvolve primeiro a asa do intelecto ele alça vôos desequilibrados, visto que toda energia que não é controlada pelo sentimento do amor e da bondade pode tornar-se prejudicial. Entretanto, quando o espírito desenvolve primeiramente a asa do amor, da bondade e da humildade, poderá desenvolver com absoluta tranqüilidade a asa do intelecto uma vez que toda energia será direcionada e contrabalançada pelo sentimento do amor que ampara e edifica. Assim, o espírito imortal como viajor dos tempos, em sua trajetória rumo à perfeição, encontrará a oportunidade da reencarnação como instrumento da divina justiça, oferecendo a cada um as oportunidades necessárias de aprendizado e resgate, que possibilitam a redenção dos que se perderam no longo caminho, dos*

12. Instrumento antigo de cordas. (N.E.)
13. 1 Coríntios, 13: 1. (N.A.E.)

que se desviaram, dos que caíram nos abismos insondáveis das tentações, dos que praticaram o mal e viveram na brutalidade, dos que se rebelaram contra a divina justiça e contra a vida, dos que se enriqueceram indevidamente em prejuízo dos demais, dos que desprezaram as oportunidades, dos que abusaram dos poderes temporais de que estavam investidos, dos que julgaram em proveito próprio, dos que desprezaram seu semelhante, dos que abusaram dos talentos e dos atributos recebidos. Podemos dizer que pela Lei de Ação e Reação ou Causa e Efeito, todos aqueles que prejudicaram, de alguma forma, seu semelhante retornarão à novas experiências redentoras de resgates dolorosos, necessários à evolução do espírito, pois ainda não despertaram em si o sentimento de amor tão necessário à evolução espiritual, como nos alerta o apóstolo Paulo. Assim sendo, podemos dizer que, na lei humana, os poderosos poderão burlar as falhas da lei e escapar das malhas da Justiça, mas a lei divina jamais falha. Aquele que foi poderoso e abusou do poder fatalmente retornará em existência futura na condição de miserável para, como aprendizado doloroso, sofrer as mesmas injustiças por ele praticada, o que foi rico e não soube administrar, com sabedoria e justiça sua riqueza, retornará na condição de pobreza para sofrer os rigores da dificuldade, os que vieram em corpos saudáveis e perfeitos e negligenciaram a própria saúde e abusaram da própria beleza física, retornarão em corpos deficientes e doentes, os que julgaram, os que condenaram, os que abusaram, os que prevaleceram do poder, os que feriram, os que desprezaram as oportunidades e desperdiçaram a preciosidade do tempo e dos talentos recebidos, fatalmente pela Lei de Causa e Efeito, sempre sob a égide da lei de misericórdia divina, retornarão em existências futuras nas quais vivenciarão experiências de sofrimento como aprendizado de inestimável valor em sua ascensão espiritual. Dessa forma, podemos afirmar que não existe injustiças nem privilégios na lei divina. O ser humano se envaidece e se corrompe pelo poder que está investido e quase sempre se esquece que o poder é transitório e temporal e foi-lhe outorgado por tempo curto e limitado. Dessa forma, o político poderoso esquece-se de que não é político, mas está político, o juiz em sua seriedade também não pode se esquecer que ele não é juiz, mas está na condição de juiz, o que é privilegiado materialmente não é rico, mas está rico. Nada do que possuímos é realmente nosso, mas estamos temporariamente investidos de alguma obrigação e responsabilidade do que nos será pedido contas no momento oportuno e aprazado. Todas nossas ações e atitudes serão julgadas sob a misericórdia divina, sendo consideradas, entretanto, em cada momento, todas as situações que contribuíram como agravantes ou atenuantes nas faltas cometidas. Por esta razão o Evangelho *nos alerta: "a quem muito foi dado, muito será pedido"[14]. Tudo nos é concedido na condição de empréstimo e, como seres humanos vivendo nas experiências da matéria, somos apenas usufrutuários e administradores do que o Pai Misericordioso nos concedeu para que pudéssemos administrar com sabedoria os talentos que nos foram legados, uma vez que quando partimos para a grande viagem nada levamos, nem sequer nosso corpo físico. O espírito leva consigo apenas as aquisições espirituais, as virtudes, os sentimentos e as alegrias que pode guardar no íntimo de sua alma, como conquistas legítimas de sua caminhada espiritual. Todavia, na maioria das vezes, somos maus administradores e esbanjadores que não sabem valorizar com bom senso e sabedoria as bênçãos e as possibilidades*

14. Lucas, 12: 48. (N.E.)

que recebemos e das quais fomos investidos e, dessa forma, sofremos as conseqüências de nossos próprios atos e atitudes desastrosas. Como vimos, Deus é sumamente bom e justo e, assim sendo, jamais pune nem castiga seus filhos, pois criou leis perfeitas que permitem ao espírito caminhar, crescer, evoluir e atingir a perfeição que é o destino glorioso de todos nós.

O instrutor havia finalizado sua explanação. Sua palavra fora profunda e esclarecedora.

Realmente, a antiga idéia de inferno, purgatório e paraíso era algo tão simplório que se tornava difícil imaginar existirem ainda pessoas que entendem que a inteligência suprema que rege o universo, esta força que é a causa primária de todas as coisas que denominamos "Deus", que é sumamente bom e justo, tenha elaborado a grande obra do universo infinito, dando vida à criatura humana, para que sua grande maioria se perdesse, sendo lançada ao fogo das chamas eternas e ardentes do inferno, e que os escolhidos, fossem brindados com a eternidade do paraíso da ociosidade e da louvação inútil.

O instrutor sorriu diante de meus pensamentos, concluindo:

– *Sabemos que existem muitos irmãos de algumas vertentes evangélicas que ainda entendem que seja dessa forma, Virgílio, e a esses nossos irmãos temos o maior respeito e carinho, pois cada um vive em um estágio diferenciado de entendimento. O que não se justifica é aqueles que já se encontram em estágio de entendimento mais avançado e ainda se comprazem na ociosidade, na preguiça e nas desculpas injustificáveis. Estes, o que poderão alegar em defesa própria? É nesta situação que dizemos que existem as atenuantes e agravantes. Para os ignorantes da lei, age em seu favor a misericórdia como atenuante do desconhecimento. Entretanto, para os que já contam com o benefício da fé raciocinada, existe a agravante do conhecimento. Mas, como dissemos anteriormente, se nossos erros ainda são enormes, a misericórdia divina ainda é maior, amparando cada criatura em suas quedas clamorosas, oferecendo oportunidades renovadas a cada existência. Entretanto, não podemos negligenciar que se a misericórdia é infinita e as oportunidades são renovadas a cada existência, cada um terá de resgatar até o último ceitil, seja pelo amor ou seja pela dor.*

Compreendi a profundidade da exortação do instrutor, particularmente no que tange à responsabilidade de todos que abraçaram a Doutrina Espírita, que amplia os horizontes de entendimento, descortinando-nos a verdade como jamais a tivemos antes da codificação de Kardec. Por intermédio dos estudos das leis divinas, compreendemos e conhecemos as conseqüências de nossos atos, sabemos de onde viemos e qual o nosso destino final, qual o propósito das existências sucessivas, a reencarnação, integramo-nos no intercâmbio salutar entre o plano invisível e o plano material, recebemos diariamente orientações e inspirações dos espíritos amigos que nos amparam e temos consciência de nossa condição de espíritos imortais, que somos filhos amados do Pai Eterno e que trazemos em nossa intimidade a centelha divina, que contém em sua essência os atributos da divindade que nos deu vida. Enfim, temos conhecimento das leis, do certo e do errado, do lícito e do ilícito. Grande é nossa responsabilidade e pouco o que possamos alegar em defesa como atenuante para nossas falhas e omissões diante da grande escola da vida.

O instrutor acompanhava meus pensamentos e, prudentemente, ponderou:

– *Seu raciocínio está correto, Virgílio. Para todas as situações pesam sempre a condição de entendimento da criatura, havendo sempre aspectos e circunstâncias que atenuam ou agravam as faltas praticadas, os erros cometidos, as omissões e as negligências. Entretanto, nós que abraçamos a Doutrina Espírita, jamais poderemos alegar falta de conhecimento que, aliás, servirá como agravante.* O Evangelho *nos alerta a todo instante que "a quem muito foi dado, muito será pedido; a quem muito foi confiado, muito mais será exigido"* – concluiu com seriedade o instrutor.

Uma triste realidade

Durante os meses que se seguiram, acompanhamos, no dia-a-dia, a evolução das pessoas envolvidas em nossos estudos.

Sebastião, em verdadeiro exercício de aprendizado e humildade, continuou apanhando papelão pelas ruas e, à noite, retornou aos estudos de atualização das leis no âmbito civil e criminal. Cristina, a jovem advogada, sempre que precisava ouvir algum conselho, o procurava à noite e o velho causídico sentia-se prestigiado e estimulado. Infelizmente, ainda não haviam conseguido seu intento – a libertação de Clarinda –, mas Sebastião estava estudando o caso enquanto Cristina procurava encontrar alternativas legais.

Maria do Rosário, a companheira de Sebastião, também participava do curso de alfabetização. Percebia-se que a nova condição havia alterado completamente seus hábitos. Quando saía com o companheiro pelas ruas, ambos vestiam tênis e *jeans* apropriados para a lida, mas, à noite, quando na companhia de Sebastião se dirigia ao curso, arrumava-se com bom gosto, na medida em que a situação financeira do casal melhorava. Isso não escapava aos olhos do orgulhoso companheiro e tudo evoluía bem, pois o casal encarava com seriedade o relacionamento e, com certeza, o futuro deveria ser bastante promissor.

Das Dores era a que mais me impressionava. A boa velhinha irradiava uma aura de alegria e positivismo contagiante. Não era difícil identificar a felicidade de seus pensamentos que a todo instante agradecia a Deus pelo momento que estava vivendo. Quantas vezes captava seus pensamentos que traduziam a mais legítima satisfação por meio de preces singelas de agradecimento: "Oh! Senhor! Como estou feliz! Jamais poderia imaginar que no final de minha existência fosse viver dias tão belos e ter meu coração repleto de alegria! Sim, Senhor, alegria pura porque hoje tenho comigo dois anjos que enfeitam minha vida! Tenho uma casa, um lar onde no final de cada dia posso retornar e encontrar aqueles que amo! Alegria pelo trabalho que me confiaste! Alegria pela bênção de ter encontrado em meu caminho Irmã Marcelina, este anjo da caridade que nos auxilia a todos! Obrigado, Senhor, por cada minuto de minha existência e que eu possa ser digna de seu infinito amor! Obrigada, Senhor!".

O ambiente da cooperativa era de paz e harmonia, que envolvia cada um dos trabalhadores. Das Dores era uma pessoa que havia substituído a presença da Irmã Marcelina com competência, tendo conquistado o carinho, o respeito e a estima de todos.

Irmã Marcelina trabalhava incansavelmente para concretizar o projeto que seria, em sua mente, a grande obra de sua vida. Algo que haveria de modificar a vida de muitas crianças de rua:

a escola profissionalizante. Em suas andanças noturnas com os Samaritanos do Amor, observava quadros dolorosos de crianças abandonadas embaixo de pontes, viadutos e mesmo nas calçadas, expostas ao rigor do tempo, às intempéries. Uma ocasião encontrou um grupo de crianças cuja idade variava entre sete e treze anos de idade. Aproximou-se para oferecer alimento e, como sempre fazia, procurava conversar para compreender o que ia no pensamento delas. O maior deles, de aproximadamente treze anos de idade, embora de aspecto franzino, demonstrava personalidade e liderança. No primeiro momento olhou desconfiado para aquela mulher cuja figura inspirava respeito, mas ficou com um pé atrás falando em tom de malandragem:

– *Qualé*, tia, o que a senhora *tá* querendo de *nóis*? É só o prato de sopa e o leite com chocolate? Na verdade, a gente preferia era outra coisa. *Nóis* também aceita algum trocado, se a senhora *quizé colaborá* com o *bagulho*, *nóis* aceita, *tá ligado*? Mas não venha nos *cobrá* nada, nem *cum* lição de moral que nenhum de *nóis tá* aqui porque *qué* não.

Irmã Marcelina ficou séria e pensativa diante daquele quadro doloroso. Desde o garoto que falava até o menor, com idade aparente de sete anos, todos estavam drogados. Era algo que dava pena e comovia o coração mais endurecido observar aquelas crianças em plena madrugada com os olhos esgazeados pela droga em tão tenra idade. Que futuro poderiam ter aquelas crianças? Enquanto observava, seus olhos se encheram de lágrimas e ela sentou-se ao lado e, estendendo as mãos, acariciou a cabeça da criança que instintivamente se aconchegou em seu colo. Aquele gesto não escapou à observação do rapaz que pareceu recuperar um lampejo de lucidez e bom senso. Até controlou seu linguajar diante da ascendência moral e da bondade que irradiavam daquela mulher.

– É, tia, vejo que a senhora é gente boa, que não *tá* aqui pra zoar nem condenar a gente. Meu nome é Geraldo, fugi de casa desde quando tinha a idade do Luisinho, esse menino que a senhora está acariciando, *tá ligada*? *Vazei* porque não agüentava mais apanhar e ver minha mãe e meus irmãos apanhando de meu padrasto. Fugi, na rua encontrei amigos que me adotaram e na rua *tô* até hoje. Um dia desses encontrei meu padrasto caído na rua, bêbado, e então me vinguei de todo mal que ele aprontou pra mim, minha mãe e meus irmãos. Eu matei aquele vagabundo, tia; o mundo não perdeu nada que valia a pena, *tá ligada*? Não tenho nenhum remorso não, se aparecesse de novo, eu o mataria novamente. A gente se droga porque a droga ajuda agüentar a fome, o frio e a dor. Não julgue a gente pelo que vê não, tia, porque ninguém sabe a dor que vai no peito de cada um.

Enquanto o grupo de samaritanos atendia a criançada com um chocolate quente na fria madrugada, Irmã Marcelina ficou pensativa no que dizer para mudar o rumo daquelas crianças. Luisinho, o menino que acariciava, estava com a cabeça cheia de piolho e feridas. Ao perceber a situação da criança, talvez outra pessoa qualquer pudesse fazer um movimento instintivo de recuo, mas não Irmã Marcelina. Sentiu-se tomada de piedade e pena pela criança tão linda, tão pequena e tão mal tratada. Continuou acariciando os cabelos do garoto e, num gesto de amor, beijou-lhe sua fronte. Geraldo estava atento às atitudes daquela senhora distinta, mas de gestos amorosos e atitudes humildes. Irmã Marcelina olhou fundo nos olhos do rapaz e disse:

– Meu filho, eu não estou aqui para julgar, nem para condenar quem quer que seja. Conheço a frieza de muitas almas e a dureza dos corações de outros tantos que se investem de poder elevando-se na condição de juízes insensíveis. Eu apenas quero auxiliar de alguma forma você e seus companheiros, que ainda são crianças, e gostaria de perguntar-lhe algo sério e profundo: se pudesse fazer algo por vocês, o que você gostaria que eu fizesse? Algo que seria bom para você e os demais?

Geraldo ouviu atentamente, assumiu aspecto de seriedade e coçou o queixo no qual despontava ralas penugens da puberdade. Com seu linguajar típico, respondeu:

– Vou dizer uma coisa, tia, não entendi direito muitas coisas que a senhora disse, mas entendi direitinho que *tá* dizendo que *qué* nos *ajudá*, *tô* certo? Mas deixa eu dizer uma coisa antes que a senhora continue com seus *intento*, *tá ligada*? Porque eu já fui preso no reformatório do Estado, fiquei lá com outros *malandro* e aprendi todo o *riscado*, *tá ligada*? Acho que a senhora é gente boa e *qué* nos *ajudá* e até acho que muitos ainda têm jeito, *mais* a maioria num tem mais jeito não, tia. Só pra encurtar nosso *lero*, vou resumir a história de todo mundo aqui, que é mais ou menos igual à minha, *tá ligada*? Se a senhora *tivé* interessada e *tivé* tempo, posso *contá*.

Irmã Marcelina fez um gesto positivo com a cabeça, querendo dizer que teria todo tempo do mundo. O grupo dos samaritanos seguiu em frente, ficando com ela como companhia apenas um jovem médico que fazia parte da equipe, chamado Marcel, que se sentou ao lado e também ouviu a triste história de Geraldo: O garoto fugira de casa desde os sete anos em virtude dos maus-tratos sofridos por seu padrasto, que bebia e espancava todo mundo: sua mãe, seus irmãos e ele, que era o maior. Nas ruas foi adotado por um grupo de meninos maiores que faziam pequenos furtos para se alimentarem. Dormiam embaixo de pontes, viadutos e mesmo em becos escuros. Quando chovia ou fazia frio, era triste. Uns se juntavam ao lado do outro para se aquecerem e se resguardarem do frio. No inverno, jornais e papelão ajudavam a combater o frio mas, quando chovia, ficava tudo encharcado e o frio era intolerável. Nestas horas é que para se resguardarem da sensação dolorosa do frio, tomavam bebidas fortes. Ele, com sete e oito anos, já tomava "pinga" e outras beberagens pesadas. Cheiravam cola porque a droga ajudava a combater a sensação de fome e frio. Aprendeu todas as lições que a rua poderia ensinar: a mendicância, roubo, furto, a trombar com pessoas mais idosas para facilitar o roubo dos maiores, a bater bolsas de mulheres distraídas, a correr da polícia, e a não temer a morte. À medida que crescia, tinha um sentimento de saudade da mãe e dos irmãos. Um dia resolveu fazer uma visita à favela onde sua mãe morava e descobriu que seu padrasto a havia espancado e que ela havia falecido em virtude dos ferimentos recebidos. Não teve notícia de seus irmãos e sentiu crescer um ódio surdo contra as pessoas adultas, particularmente contra seu padrasto. Jurou que, se um dia o encontrasse, o mataria. Estava com dez anos quando foi apanhado em um assalto a mão armada com uma faca. Foi encaminhado à instituição do Estado, localizada na região leste da cidade, na qual permaneceu por mais de um ano, encontrando toda sorte de companheiros de infortúnio, todos revoltados, a maioria perigosos. Tinha companheiros que sofriam naquele ambiente, além de um grupo que liderava no local e quem não colaborasse e obedecesse cegamente sofria as conseqüências. Geraldo percebeu que, se não estivesse ao lado dos líderes, seria pior para ele. Os líderes eram mais velhos, mais fortes, mandavam e eram obedecidos. Se gabavam de ter namoradas bonitas e ser experientes no campo sexual. Ter praticado crimes violentos, assaltos com arma de fogo e ter assassinado alguém era símbolo de graduação naquele meio. Contavam com satisfação os detalhes dos assassinatos cometidos, alguns exageravam, mas ninguém colocava em dúvida se tinham matado ou não. Todos temiam, até os líderes. Tinham de ser unidos, ter amizade para se defenderem mutuamente, pois se porventura tivessem alguma desavença e um resolvesse desafiar o outro, um dos dois tinha de "tombar". Era um código de honra e, quem não obedecesse, pagava pelo erro. Numa das fugas da instituição, Geraldo conseguiu fugir, ganhou as ruas do Tatuapé e não foi capturado. Já havia completado onze anos de idade e sentia-se escolado, experiente. Os companheiros de reclusão foram verdadeiros mestres da esperteza e das malandragens. Havia aprendido muito e agora as ruas seriam seu campo de aplicação de tudo que aprendera. Juntou-se a um grupo de meninos e meninas que tinham aproximadamente a mesma idade. Foi quando se apaixonou pela primeira vez ao olhar aqueles olhos verdes como uma esmeralda e aquele rosto moreno de menina esperta, mais velha, treze anos, cheia de ginga e graça. Seu nome era de uma princesa: Daiane. Ela tinha os lábios sensuais e grossos, olhos cheios de malícia e sedução, acendendo imediatamente o fogo da paixão no coração de Geraldo que agora só queria ficar ao lado de Daiane. Beijaram-se pela primeira vez em uma noite de chuva embaixo do viaduto do Brás, em que ele oferecia o calor do seu corpo para Daiane, que tiritava de frio. Foi a noite mais feliz de sua vida. Estava apaixonado. Em pouco tempo, faziam um casal perfeito: ele com onze anos mas "esperto" e ela com treze "cheia de malandragem". Um dia Daiane contou sua história: fugiu de casa porque foi estuprada pelo próprio pai e preferiu sofrer os rigores da rua do que a violência doméstica. Formaram um pequeno bando de crianças de rua; Geraldo comandava, mas quem realmente liderava era Daiane. Aquele romance, porém, durou pouco. Era muita correria, furtos, trombadas, assaltos mais sérios com um punhal que ameaçavam vítimas mais fracas, idosos ou jovens "filhinhos de papai". Num dos assaltos, já haviam conseguido dominar a vítima quando apareceram dois rapazes que lutavam capoeira. Quando viram que as coisas iriam se complicar, fugiram, mas Daiane inadvertidamente atravessou a rua em disparada e foi atropelada por um carro. Morreu na hora, nem teve tempo de gemer. Geraldo conseguiu fugir, mas ficou um grande sentimento de saudade e revolta em seu coração. Continuou perambulando pelas ruas e jamais se esqueceu de sua querida Daiane. Tinha sonhos de um dia se casarem, de dar um lar para ela, ter filhos. Em seus filhos ele jamais iria bater, nem machucar. Iria tratar com muito carinho, com muito amor, porque ele amava Daiane e iria amar os filhos que tivessem juntos. Seu coração, sua vida, seus dias, pareciam não ter mais sentido. Havia um vazio dentro de si e, então, as drogas compensaram. Cola era coisa de criança, Geraldo agora fumava maconha, *crack*, que era uma pedra que se conseguia fácil e não era cara. Um dia – ah, aquele dia era o que ele mais esperava em sua vida –, já eram altas horas da noite, quando andava pelas ruas do centro, viu um homem bêbado estirado na calçada perto da região chamada "boca do lixo". Quando passou por ele, o homem pediu com a voz pastosa:

– Uma bebida, por favor, estou pedindo! Uma bebida – insistiu o bêbado, apontando a garrafa de aguardente que estava em suas mãos. Geraldo sentiu o sangue gelar nas veias, pois reconheceu a voz do seu padrasto. Aproximou-se para se certificar perguntando o nome.

– Que te interessa meu nome, me dê um gole e chega de conversa mole – replicou o homem.

– Não senhor, só se *falá* seu nome, depois te *dô* a garrafa.

– *Tá bão*, meu nome é Genésio, mas o que interessa? Me dê agora a pinga e pronto. – Então Geraldo não teve dúvidas: era realmente seu padrasto. Estendeu a garrafa e, enquanto o bêbado sorvia o conteúdo, ele tirou o punhal e cravou fundo em seu coração, sem dó, remorso ou piedade.

– Morra seu cão danado, morra porque meu nome é Geraldo, seu *intiado*, aquele que o senhor espancava, se lembra?

A morte foi instantânea e Geraldo seguiu em frente deixando o corpo estirado na calçada, tendo como mortalha a escuridão e o frio da madrugada. Depois deste episódio, Geraldo juntou-se a outros companheiros de rua, mas no fundo sentia necessidade de cuidar dos pequenos que dependiam dos mais velhos. Afeiçoou-se àquele grupo e, desde então, tem procurado ser um bom líder para prover as necessidades de todos. Geraldo concluiu sua aventura e sua desventura de menino de rua, dizendo:

– Pois é, tia, já viu que não sou grande coisa na vida. Já roubei, já matei, já fui pra cadeia e não admito que nenhum bacana fique tirando uma comigo. Vou dizer uma coisa pra senhora, *tá ligada*? A vida na rua num é boa, num posso dizer que gosto, mas tem seu lado bom: a liberdade. Essas crianças, o Luisinho mesmo que a senhora *tá* aconchegando ele, também apanhava em casa até que ele e os irmãos fugiram, como eu fugi, *tá ligada*? Um dia o Luisinho será alguém como eu sou agora. Confesso *prá* senhora que isto no fundo me deixa triste, pois vejo muitas *injustiça* na vida, mas *fazê* o quê? A vida é assim mesmo – comentou demonstrando tristeza em seus olhos, para em seguida concluir: – A história sempre se repete porque o *bagulho* continua feio e acho que não muda tão cedo com estes políticos que só prometem mas não resolvem os problemas dos pobres. É a miséria, favelas, bebida, desemprego, pais bêbados, mães desesperadas, filhos apanhando e fugindo, drogas e tanta coisa ruim, tia. Às vezes fico muito triste com estes *bagulhos* todos e me dá saudade de Daiane. Me dá vontade de *vazar* desta vida, de morrer e fico pensando que como meu padrasto, se morrer também não irei fazer nenhuma falta ao mundo. Sei que não tenho nenhum futuro e, uma hora destas, eu também vou tombar em uma esquina qualquer e então, tudo acaba. Se existe Deus, acho que a morte foi a coisa mais justa que ele deixou, porque com ela, acaba todo sofrimento – concluiu com a fisionomia triste.

Irmã Marcelina enxugou as lágrimas dos olhos. Pensou na escola profissionalizante como uma alternativa e na urgência de concluí-la, pois a educação e o amparo às crianças pobres representaram uma solução, embora a longo prazo. Sabia que seria apenas uma gota de água em um oceano de tanta miséria e necessidades. Sentia-se emocionada e penalizada diante daquele menino que, com aproximadamente treze anos de idade, já vivera emoções tão fortes, que não tinha nenhuma alegria de viver e que, possivelmente, teria uma vida muito curta, com um final muito doloroso.

– Meu filho, permita que eu o chame assim, gostaria imensamente de ajudar vocês todos, mas sinceramente te ouvindo, não sei o que fazer. Gostaria que vocês me esperassem neste mesmo lugar amanhã à noite, pois quero pensar um pouco e buscar inspiração. Esta é uma luta que valerá a pena viver, e tenho consciência que será uma luta muito difícil, mas valerá a pena. Amanhã virei aqui novamente e gostaria de conversar com você, está bem?

Diante da figura daquela senhora venerável e bondosa, Geraldo pareceu recuperar intimamente alguma lembrança materna, pois seus olhos se encheram de lágrimas. Nunca ninguém se dirigia a ele e às crianças como Irmã Marcelina, com respeito e carinho. Visivelmente emocionado o rapaz respondeu:

– Pode ter certeza, tia. Vou cuidar para que amanhã todos estejam aqui para esperar a senhora.

Irmã Marcelina se levantou, beijando carinhosamente cada uma das crianças, especialmente Luisinho que, entorpecido, parecia não ter noção do que acontecia. Quando se despediu de Geraldo, este inesperadamente deu-lhe um abraço e beijou suas mãos em sinal de respeito e reverência.

– Que Deus a abençoe, tia! Até amanhã.

Marcel, o jovem médico, abraçou-a enquanto se afastavam. Irmã Marcelina parecia abalada com tudo que ouvira e presenciara.

Nós, Glaucus, o instrutor Pétrus e eu, que acompanhávamos as andanças de Irmã Marcelina e fôramos testemunhas daquele acontecimento, estávamos sensibilizados. Eu, particularmente, me encontrava tomado de profunda emoção diante daquele palco doloroso que a vida nos mostrava de forma crua, evidenciando que a realidade muitas vezes supera a dor e a amargura da ficção dos romances teatrais. O palco da vida demonstra que a realidade é sempre mais dura e pungente que se possa imaginar. Despedimo-nos de Glaucus que continuaria na companhia dos samaritanos, enquanto o instrutor e eu retornaríamos à colônia.

Enquanto nos afastávamos, questionei o instrutor a respeito de soluções para problemas tão complexos. Pétrus sorriu com tristeza enquanto, a distância, observamos que o grupo de crianças se aglomerava na calçada de forma que pudessem se proteger do vento sibilante daquela madrugada ainda fria daquele mês de setembro.

– *Tudo isto é muito complexo e doloroso, Virgílio. Sabemos que existem pessoas de boa vontade, interessadas em auxiliar a exemplo de Irmã Marcelina. Todavia, a questão não se resume simplesmente em como tirar estas crianças das ruas, pois tudo isto é uma conseqüência de algo ainda mais doloroso. A questão crucial é saber: por que estas crianças acabam nas ruas? E qual a razão que leva cada vez mais a aumentar o número de crianças que preferem fugir de casa para viver os rigores e a frieza do abandono das ruas? Além do mais, esbarramos na complexidade das leis. Criam-se leis, das quais algumas são de difíceis execução prática. Louvamos as boas intenções, mas nossos legisladores deveriam ser mais atentos, ágeis e observar sua aplicação ao longo do tempo, efetuando as mudanças que seriam necessárias para se adequarem as leis à realidade do problema, mas infelizmente isso não acontece. As leis simplesmente são criadas e aplicadas à semelhança de um pé maior para calçar um sapato de número inferior, isto é, forçando a natureza das coisas. Dever-se-ia observar e fazer as alterações e emendas necessárias, mas infelizmente isto não acontece de forma que, em pouco tempo, se tornam obsoletas e desatualizadas, mas continuam em vigor, apesar de ultrapassadas. Compreendemos que deva ser banido o trabalho infantil, pois lugar de criança é na escola. Porém, observamos que isso não acontece e na prática, como pudemos presenciar no dia de hoje, a criança não trabalha mas também não freqüenta os bancos escolares, ficando exposta nas ruas se submetendo por absoluto abandono e necessidade, às drogas, aos vícios e ao crime desde a tenra infância. Triste realidade de um país tão promissor com responsabilidade tão grande no futuro da humanidade! Mas voltando à questão principal para entender por que existem tantas crianças abandonadas nas ruas, iremos identificar que tudo começa dentro do próprio lar, onde muitos pais – oriundos de regiões remotas, premidos pelas necessidades e miséria – buscam nos grandes centros urbanos uma solução desesperada para sua situação de penúria. Muitos não têm escolaridade mínima e nenhum tipo de especialização e, diante do desemprego, alojam-se em favelas e locais insalubres. Sabemos que a maioria se comporta com dignidade diante do infortúnio, mas existem aqueles que não possuem estrutura física nem emocional, não resistindo ao vendaval das intempéries da vida e, a exemplo das histórias das crianças, buscam na bebida a fuga da dura realidade, já que não têm equilíbrio emocional para enfrentá-la. Entregam-se à bebida, à violência porque vêem colocado em xeque sua condição de homem, sua virilidade, e se tornam muitas vezes violentos, descarregando suas emoções na esposa e nos filhos. É também mais uma vítima para um sistema que ainda apresenta deficiências estruturais alarmantes como falta de escolas que possibilitem ao indivíduo menos afortunado se preparar melhor para superar as dificuldades que a vida impõe. Então, podemos observar que o problema vem lá atrás, trazendo em seu bojo as conseqüências que se agravam diante da indolência, da morosidade e da burocracia dos poderes públicos e de nossos legisladores. Mais uma vez queremos afirmar que não é nosso objetivo proferir críticas a quem quer que seja, mas a realidade é muito dura e dolorosa. A verdade, Virgílio, é que se por um lado existe carência de criaturas de boa vontade, por outro lado também nos falta amor de verdade. Entretanto, temos de ter o cuidado para não ferir as leis constituídas, por isso não basta apenas boa vontade. Deve-se reunir requisitos necessários para atender às exigências legais que, muitas vezes, já se encontram ultrapassadas e retrógradas. Como tirar nossas crianças das ruas? Primeiramente, teria de haver lares bem constituídos, empregos, escolas suficientes, educação familiar, visto que tudo se inicia no seio da família e o problema é de extrema gravidade quando se verifica que muitos pais não dão educação nem exemplo. Observamos professores amedrontados nas salas de aulas por jovens que não aprenderam educação nem limites num mundo de enganos em que celerados, traficantes e marginais se tornaram heróis para alguns jovens sem perspectivas de vida. Há que se ter consciência e investir com coragem na educação familiar, educação do jovem e restabelecer a autoridade aos mestres escolares.*

As palavras do instrutor fizeram com que recordasse com saudades minha última existência, investida na nobre missão de educador. Eram outros tempos. Os professores eram valorizados e respeitados. Quanta saudade de um tempo de romantismo e valores humanos, embora também tivéssemos nossas mazelas! Lamentavelmente as mudanças haviam sido muitas; entretanto, os resultados demonstravam que não haviam sido as melhores. O instrutor prosseguiu em suas ponderações:

– *Tem razão, Virgílio, quando recorda os tempos em que os professores eram respeitados em sua missão de ensinar e educar. Eram outros valores. Infelizmente a modernidade e o progresso nos cobram pesados tributos, uma vez que o desenvolvimento industrial franqueou um número cada vez maior de mão-de-obra – que à semelhança do ímã que atrai a limalha de ferro – que atraiu as pessoas dos campos e de outras regiões fazendo com que os grandes centros industriais e urbanos se tornassem gigantescos catalisadores de pessoas e as cidades experimentassem violentas explosões demográficas. O surto do desenvolvimento esfriou, mas a ilusão da cidade grande continuou exercendo fascínio em tantas criaturas que, premidas pelas dificuldades em suas regiões de origem, preferiram as incertezas da cidade do que um sofrimento já conhecido. A oferta de emprego diminuiu enquanto a oferta de mão-de-obra aumentou a par das exigências em termos de escolaridade e especialização. O desemprego foi apenas uma conseqüência ao longo do tempo, a proliferação de favelas, a falta de uma estrutura de apoio adequada, a deficiência do ensino, a miséria, a desestruturação familiar, a inversão de valores foram os fatores preponderantes que levaram ao surto de violência que hoje experimentamos, à marginalidade e à proliferação das drogas. É preocupante quando analisamos os índices da violência doméstica, resultante da miséria mas, acima de tudo, da ignorância do ser humano – que é a principal causa de todos os problemas do menor abandonado que hoje observamos. Quando falamos da ignorância, referimo-nos à falta de formação estrutural, emocional, física e mental do ser humano que não teve oportunidade de freqüentar um banco escolar e, quando premido pelas adversidades da vida, não tem condições emocionais para reagir com equilíbrio. Diante da miséria, a ignorância leva à bebida, à prática da violência doméstica, a abusos inomináveis contra os filhos e filhas de forma que é muito triste imaginarmos que uma criança prefere a dureza do abandono, a frieza das ruas, a incerteza do dia-a-dia nos becos, pontes e viadutos, as privações e a mendicância do que permanecer sob o mesmo teto de seus genitores desestruturados e desequilibrados. Observamos que, apesar de tudo, existe boa vontade por parte dos poderes públicos no cuidado ao menor abandonado; entretanto, a falta de sensibilidade, em vez de solucionar, agrava ainda mais um problema tão complexo, pois quando levados às centrais de reformatórios, como pudemos ouvir no relato de Geraldo, a criança que abandonou seu lar para fugir da violência doméstica toma contato com outra violência ainda mais perigosa: as mentes desequilibradas de jovens já escolados na malandragem e no crime, que influenciam da pior forma aqueles que ainda não têm o alcance da maldade em seus corações. Geraldo é um perfeito exemplo de tudo isso que falamos: fugiu de uma situação familiar complicada para experimentar nas ruas toda sorte de experiências, terminando por concluir verdadeiro curso de escolaridade criminal quando esteve em contato com jovens reclusos que apresentavam elevado grau de periculosidade. Quando deixou a unidade em que se encontrava, era outra mentalidade que direcionava suas atitudes e, embora não tivesse uma índole de maldade, praticou assaltos e crime de morte. A preocupação de Irmã Marcelina é justa, mas a solução é extremamente complexa. Todavia, podemos afirmar com convicção que a solução de tão grave problema exige coragem, disposição das autoridades e da população e dar tempo ao tempo. A Constituição determina que toda criança tem direito à escola, mas há que se investir maciçamente não apenas em prédios, carteiras e lousas, mas no ser humano, no profissional de ensino resgatando valores esquecidos ou simplesmente negligenciados ao longo do tempo. Há que se estimular a consciência dos pais, na estrutura familiar, não apenas aos que se encontram em situação social menos favorecida, mas na família como um todo. Os filhos devem ser educados em casa, terem a consciência do respeito ao próximo, receber dos pais noções de civilidade e respeito aos limites que expõe o direito do próximo, e não o que acontece hoje. Nunca é demais repetir: é no lar que nossos filhos devem receber amor, carinho, mas acima de tudo, educação, respeito com o próximo, noções de civilidade e limites. Na verdade, os jovens deveriam dirigir-se à escola simplesmente para a devida alfabetização, aprender tabuada, aritmética e leitura. Lamentavelmente isso não acontece na maioria dos casos e assim observamos tantos jovens que não respeitam os professores, não respeitam seus colegas, não respeitam os mais idosos e também não respeitam a si mesmos quando se entregam aos vícios, às drogas e ao culto dos valores subvertidos, achando o máximo. É a inversão de valores que hoje existe em uma juventude à deriva, trazendo consigo poucos valores verdadeiros, tornando-se presas fáceis de aliciadores inescrupulosos que vendem ilusão e fuga da realidade em forma de drogas. Considerando tudo isso, podemos dizer que a dimensão do problema é gigantesco, uma vez que uma estrutura educacional deficiente contribui decisivamente na deformidade de conduta de muitos, na ótica distorcida dos valores reais, na falta de escolaridade quando se faz necessária uma colocação profissional e na falta de esperança quando também falta trabalho e emprego. Acresce-se a tudo isso a legião de crianças que perambulam pelas ruas, sem absolutamente nenhuma perspectiva de vida, a exemplo de nosso irmão Geraldo que espera mais dia, menos dia, simplesmente morrer de forma violenta e o que é pior: encarar tudo isso como se fosse algo inevitável e até normal para sua mente ainda infantil que assistiu a toda sorte de sofrimento, miséria e violência. Triste é o povo que não cuida de suas crianças! Triste é o país que relega ao desalento e abandono seus filhos! Tristes são os poderes públicos deficientes, burocratizados, insensíveis e corrompidos cujos responsáveis preocupam-se apenas com o valor monetário de seus proventos ou simplesmente com os montantes financeiros amealhados de formas escusas, enquanto o miserável morre de fome, os idosos perecem à míngua, os doentes padecem por falta de medicamentos e as crianças crescem sem esperança!*

O instrutor fez mais uma pequena pausa. Observei que o generoso amigo encontrava-se tomado por profunda emoção, apresentando os olhos orvalhados de lágrimas que não chegavam a cair. Depois de instantes, Pétrus concluiu:

– *Todavia, apesar da gravidade do problema, não podemos perder as esperanças porque nem tudo está perdido, Virgílio. Estamos vivendo momentos difíceis próprios do período de transição que a humanidade atravessa. Entretanto, se por um lado vemos que ainda o egoísmo impera em muitos corações, por outro existem criaturas de boa vontade reencarnadas em missão de amor e bondade que tomarão a iniciativa, aparentemente tímida, mas que será a base da pedra angular, de oferecer a sustentação para as mudanças de um futuro não muito distante. Veremos que, a exemplo de nossa querida Irmã Marcelina, outros irmãos voltados ao bem, independentemente da cor religiosa, estarão se dedicando à causa da criança para oferecer condições de recuperação, em particular para aqueles que ainda não foram corrompidos pelo sistema vicioso em vigência. Precisamos sem demora de atitudes corajosas de homens de boa vontade, mudanças urgentes de atitude de nossos políticos e legisladores para que não se preocupem apenas em punir os infratores, mas cuidar daqueles que ainda não o são, com medidas simples mas eficazes, preventivas e equilibradas. Há que se criar condições para que sejam segregadas as crianças que ainda trazem em seus olhos a idade da inocência, para que não sejam contaminadas por mentes revoltadas e deturpadas! Há que se educar nossas crianças, acima de tudo, com amor e respeito por um ser humano que ainda é indefeso. Há que se restabelecer, nessas mentes infantis, o direito de sorrir sem receio, de sonhar com alegria e confiança e de amar sem medo de ser feliz!*

O instrutor concluíra sua exortação. Confesso que, a exemplo de Pétrus, eu também me encontrava tomado por profunda emoção de forma que registrei os apontamentos e, em silêncio respeitoso, o acompanhei de retorno ao nosso domicílio espiritual. Elevamo-nos no espaço e, enquanto nos distanciávamos, observei que as luzes da grande cidade se tornavam minúsculas e pálidas pela luminosidade do sol que despontava no horizonte em majestoso espetáculo. Aspirei o ar fresco daquela manhã, cujo dia anunciava o início de mais uma primavera em nosso querido país, Pátria do *Evangelho*, coração do mundo.

Em contraste com a grande selva de pedra, a natureza pródiga de bênçãos do Criador mais uma vez iria enfeitar os campos com o sorriso das flores, o canto dos pássaros, a beleza das relvas, o verde das matas, o azul do céu e o doce murmurar das fontes e regatos.

Ainda sob o impacto da emoção que me envolvia, fechei os olhos e, no silêncio de meus pensamentos, pedi ao Pai Eterno que, assim como na natureza, a primavera também pudesse florir e sensibilizar os corações humanos.

Finalmente, boas notícias

Três meses passaram céleres. Estávamos em meados de dezembro. Era mais um ano que se findava.

Ainda pela manhã, o instrutor Pétrus informou-me que teríamos um dia de boas notícias. Confidenciou-me que logo à noite estaríamos participando de uma reunião no centro espírita dirigido por Irmã Marcelina. Adiantou-me apenas que seria uma reunião muito importante e que haveria novidades. Observei que a fisionomia do querido amigo irradiava alegria e satisfação, de forma que também fiquei em grande expectativa e, apesar de minha ansiedade, preferi aguardar o momento da reunião para saber as notícias.

Realmente, pareceu-me que as boas notícias haviam começado cedo, pois, naquela tarde, encontrava-me na biblioteca efetuando algumas pesquisas, quando recebi uma visita muito feliz e inesperada: Era Otávio, o dirigente responsável do Reajuste Materno, um amigo muito querido com quem eu tinha grande afinidade e de quem guardava lembranças de aprendizado inesquecível. Observei que o filho de Petrônio irradiava aquele sorriso franco que eu tão bem conhecia e sua fisionomia parecia ainda mais jovial. Tomado por um sentimento de alegria e emoção, abracei-o.

– *Otávio, meu querido amigo, que alegria revê-lo! Quanta saudade, meu amigo!* – cumprimentei-o carinhosamente.

– *Virgílio, você é meu irmão muito querido; também estava com saudade, por essa razão o procurei. Como está, meu amigo?*

Sem que eu tivesse tempo para responder, Otávio emendou:

– *Minha pergunta é óbvia, Virgílio, pois conheço seu trabalho e tenho acompanhado suas tarefas. Mas estou aqui porque tenho notícias de pessoas queridas ao nosso coração!*

A presença de Otávio trazia-me à lembrança a figura de Leonardo, de Irmão Cléris, de Petrônio e do inesquecível amigo Demétrius. O sentimento de alegria que tomava meu peito era muito forte. A verdade é que me encontrava emocionado de forma que eu chorava de alegria.

– *Otávio, sua presença por si só para mim já é uma grata surpresa. Mas fale-me de nossos amigos. Gostaria de saber de Leonardo, de Demétrius, de Petrônio e do nosso querido Cléris.*

O querido amigo me abraçou carinhosamente enquanto exibia aquele sorriso largo e espontâneo que eu tanto conhecia.

– *Ah! Meu querido Virgílio! Nosso Pai Eterno é sumamente bondoso diante de nossa imensidão de defeitos e débitos. Confesso que estou muito feliz na direção do Reajuste Materno, no qual pela misericórdia divina tenho aprendido muito. Não me sinto merecedor de tamanha bênção, porém sei também que a espiritualidade superior confia responsabilidades para os mais endividados mas que já se dispõem ao trabalho proveitoso em nome do Cristo, de forma que, apesar de não possuir nenhuma credencial de merecimento, continuo servindo e procurando fazer o melhor na seara do Mestre. Tenho acompanhado a trajetória de meu querido irmão Leonardo e de minha inesquecível Mariana. É uma bênção de valor inestimável saber que somos espíritos imortais destinados à perfeição nesta grande viagem em cuja trajetória ascendente nosso esforço e boa vontade fazem a diferença, apesar de nossos erros e imperfeições. É um consolo saber que laços que nos unem aos amigos queridos jamais se rompem e que estaremos sempre juntos nesta longa jornada, cujo destino é a conquista da felicidade plena, quando atingirmos o estágio da perfeição. Orientados pelo doutor Ciro, Leonardo desenvolveu belíssima mediunidade inspirada, permitindo maravilhosa cooperação com o plano espiritual, tanto no que se refere ao intercâmbio mediúnico, quanto no atendimento do consultório, no qual o querido amigo dá prosseguimento ao trabalho iniciado por doutor Ciro, Leonardo e Mariana têm sido colaboradores aplicados e diligentes na seara do intercâmbio espiritual. De tempos em tempos, tenho visitado os queridos amigos sentindo-me feliz com o ambiente de harmonia e amor que reina naquele lar abençoado por Deus. Julinho já está na idade adolescente, mas é um garoto que traz em seu coração a confiança e a serenidade conquistadas em existências passadas. Karina, com seus doze anos, é uma menina linda e inteligente. Elias inspira cuidados, mas neste aspecto encontra-se em um lar perfeito a fim de que nosso irmão receba o suporte espiritual necessário para que mantenha seu equilíbrio, apesar de seu problema. A verdade é que aquele lar tem muita alegria trazida pelos filhos que são amados por Leonardo e Mariana e isso os faz felizes, e todos nós nos sentimos felizes e recompensados. Quanto a Demétrius, gostaria que uma hora destas pudéssemos fazer uma visita ao lar de Carlinhos e Lucimar. Você ficará surpreso, Virgílio, com a sensibilidade apurada de nosso querido Demétrius. Fico impressionado com sua capacidade de percepção pois nosso inesquecível amigo até já me conhece até já me identifica com sua dupla visão toda vez que os visito na companhia de Augusto, durante o culto do* Evangelho *no lar. Aprígio também já está crescido e, sob a orientação dos pais amorosos, terá sem dúvida uma grande oportunidade de aprendizado, o que será de grande valia em sua trajetória evolutiva.*

Recordei com saudades a última vez que havia visto o instrutor Demétrius, reencarnado na figura de uma criança, linda e meiga, na condição de filho de Carlinhos e Lucimar. O tempo havia passado rápido e tudo evolui. Assim é a natureza, assim é a lei, assim é nosso destino: caminhar, seguir em frente, trabalhar, evoluir sempre na busca incessante do brilho majestoso contido na centelha divina que revela a beleza do espírito em sua ascensão espiritual. Confesso que meus pensamentos voaram no tempo e no espaço, enquanto Otávio continuava com as notícias.

– *Todavia, Virgílio, estou aqui por um outro motivo muito especial: Petrônio esteve recentemente em visita ao Reajuste Materno, ocasião em que me informou que eu havia acumulado um número significativo de bônus-hora*[15]*, o que me permitiria um estágio que, em tempo terrestre, equivale a algo em torno de sessenta dias em esfera superior à nossa. Como já lhe disse, não me considero merecedor da tarefa que foi-me confiada, quanto mais um estágio de aprendizado em uma esfera superior*

15. Segundo o Espírito André Luiz, em algumas obras psicografadas por Francisco Cândido Xavier, é a remuneração do trabalhador de algumas colônias espirituais. (N.E.)

em torno da qual estamos ainda gravitando, mas Petrônio foi tácito e lacônico. Seria uma oportunidade por acréscimo de misericórdia divina e que eu não deveria ficar envolvido em indecisões, pois seria falsa humildade. Aleguei que seria tempo demais para que me ausentasse do Reajuste Materno, mas seu argumento foi irretorquível: "Ninguém é insubstituível e outros também merecem oportunidades. Convide Irmão Virgílio para substituí-lo em sua ausência". O que me diz a respeito?

As palavras de Otávio me apanharam completamente desprevenido. No primeiro momento, fiquei surpreso com o convite, para, em seguida, me emocionar de tal forma que sentia vibrar as fibras mais sensíveis do meu coração. Antes que eu pudesse me recuperar da surpresa, Otávio insistiu:

– *Então, Virgílio, o que me diz a respeito? Petrônio confia muito em você.*

Minha resposta foi imediata, pois aquele convite era algo que me fazia sentir honrado. Poderia não ser merecedor de tamanha responsabilidade, mas jamais titubearia diante de tamanha consideração.

– *Claro que aceito, Otávio. Minha resposta não poderia ser outra que não fosse sim, embora também não me considere merecedor de oportunidade dessa envergadura. Como disse Petrônio, porém, não vou alegar nada que possa ser interpretado por falsa modéstia, uma vez que humildade é uma conquista de que ainda estou muito distanciado. Confesso que tal convite me honra e farei o meu melhor para ser merecedor da confiança em mim depositada.*

Otávio sorriu abraçando-me em sincera demonstração de alegria e apreço.

– *Obrigado, querido irmão, pois tenho certeza que, se para você esta é uma importante oportunidade, imagine para mim o que significa um estágio em planos mais elevados.*

– *Todavia* – argumentei –, *necessito de um tempo de aprendizado a seu lado. Para quando está previsto esse evento?*

– *No início do ano vindouro, Virgílio. Você terá tempo para concluir sua atual tarefa de estudos. Virão o período de Natal e o ano novo. Em meados de janeiro, você deverá estar disponível para que possa estagiar no Reajuste Materno durante uns vinte dias, período em que tomará conhecimento do funcionamento daquele hospital que, aliás, você já conhece.*

Sorri satisfeito. Era verdade, já conhecia o Reajuste Materno em função de outro estágio de estudos efetuados há alguns anos.

Otávio e eu conversávamos animadamente quando Pétrus se aproximou. Pela sua fisionomia, percebi que já sabia de tudo.

– *Parabéns, Virgílio* – cumprimentou-me com sincera manifestação de alegria. – *Petrônio consultou-me para saber de sua disponibilidade e então preferi guardar sigilo para que essa notícia pudesse ser dada pessoalmente pelo nosso querido Otávio. Fico muito feliz com tudo isso, pois o Mestre necessita cada vez mais de trabalhadores de boa vontade e confia tarefas àqueles que demonstram coragem, e disposição e já deram testemunho de seriedade no trabalho de sua seara.*

Confesso que sou emotivo e sensível para emoções fortes e, naquele momento, diante das palavras do generoso instrutor, meus olhos se encheram de lágrimas. Abracei-o emocionado, mas sentia um nó na garganta de forma que não conseguia articular nem sequer uma palavra para manifestar meu sentimento de gratidão. Nem era necessário. Tanto Otávio quanto Pétrus sabiam o que ia em meu íntimo.

Despedimo-nos de Otávio, que retornou ao Reajuste Materno. Em seguida, Pétrus avisou-me que me preparasse, pois dentro de meia hora estaríamos partindo para a crosta terrestre. Antes da reunião, no centro espírita, estaríamos visitando a cooperativa que Irmã Marcelina dirigia.

Assim aconteceu. Eram quase dezoito horas quando adentramos o enorme barracão que, naquele instante, apresentava movimento intenso de cooperados com suas carroças, aferindo o resultado do trabalho do dia. À frente de tudo, como de costume, das Dores atendia um por um, com disposição e alegria.

Observei aquela irmã por quem eu me afeiçoara e por quem nutria verdadeiro sentimento de respeito e carinho por tudo que havia testemunhado durante meu aprendizado. Podia ser uma criatura simples para o mundo, mas, em sua humildade, irradiava estado de nobreza espiritual que seria exemplo para muitas pessoas, que possuem tantos talentos, mas se entregam ao comodismo diante dos desafios da vida. Fiquei alguns minutos observando o labor profícuo daquela valorosa companheira.

Das Dores apresentava corpo frágil e alquebrado pelo peso da idade. Apesar de seus cabelos agora se apresentarem mais bem cuidados, exibiam a alvura que os anos não perdoam, mas sua vitalidade e sua energia espiritual eram impressionantes. Contrariando sua debilidade física, das Dores parecia movida a potente bateria já que acompanhava com desassombro a descarga dos materiais, fazia a pesagem, emitia o boleto e, sempre com um sorriso espontâneo que atestavam a correção dentária efetuada, proferia sempre uma palavra de carinho, respeito e conforto a cada um dos trabalhadores, demonstrando boa memória ao chamar cada um pelo nome:

– Como vai, Nestor? Como estão as coisas em casa, meu filho?

– Tudo está difícil, das Dores. Mas sei que Deus é pai e não desampara ninguém.

– Graças a Deus, meu filho, você tem saúde e um trabalho honesto que lhe proporciona pouco ganho, mas com honestidade. Confie, que tudo melhora, meu irmão. Vai com Deus!

Em seguida vinha outro:

– E aí, Genésio, como vai? Seu filho melhorou?

– *Tá* difícil, das Dores. O menino ainda está internado há uma semana e nada de melhora! *Tô* ficando preocupado! *Tô* ficando meio desanimado, das Dores!

– Não, Genésio, não podemos desanimar nem perder a confiança em Deus! Se desanimamos, tudo piora, meu irmão. Tenha fé que tudo haverá de melhorar com trabalho e fé em Deus!

O giro era rápido, pois logo que um saía da baia de pesagem, logo entrava o seguinte:

– Zé Moreno, está melhor hoje, meu filho?

– Ah! Só você mesmo para me animar, das Dores, porque *tá* tudo ruim na minha vida.

– Não pode pensar assim, Zé, porque se nos entregarmos às lamentações, às lamúrias e reclamações, as coisas só pioram. Você precisa parar de beber, procurar uma religião, seja ela qual for, desde que seja de princípios honestos, para recuperar sua fé em Deus, aprender a orar e controlar os maus pensamentos.

– Nesta vida tenho acreditado em muita coisa, das Dores, mas ultimamente tenho duvidado até de Deus! Tudo tem dado errado em minha vida. Teresa foi embora faz mais de três meses e, até agora, nenhuma notícia!

– *Tá* vendo o que eu digo, Zé Moreno? A gente sempre colhe o que planta. Você já se perguntou por que sua companheira o abandonou? Eu sei que tudo isso é muito duro para você, meu filho, mas vou te dar um conselho: espere Irmã Marcelina chegar e fale com ela ainda hoje, sem falta. Você precisa tomar um rumo em sua vida. Quem sabe ela poderia te dar alguma orientação.

Zé Moreno, com aquele jeitão de caboclo bronco e aspecto rude, abaixou a cabeça com os olhos marejados de lágrimas. Das Dores era uma pessoa simples, mas dava atenção a todos. Aquilo fazia enorme bem, pois só o fato de ouvir com atenção e respeito, devolvia confiança e dignidade a pessoas comumente desprezadas pela sociedade desatenta e relapsa. Muitas vezes, apenas uma palavra, um minuto de atenção, um gesto de respeito e atenção vale muito para quem está numa situação de vida desconfortável, por baixo e numa situação psicológica de baixa auto-estima.

– Você tem razão, das Dores! O que estou precisando mesmo, neste momento, é de uma palavra amiga, uma orientação, um conforto espiritual, pois a vida tem me reservado muitas amarguras. Você tem razão – repetiu –, Irmã Marcelina é uma pessoa que poderá me orientar com segurança. Obrigado por sua atenção, das Dores!

Enquanto Zé Moreno se afastava com o propósito de aguardar a chegada da benfeitora da casa, das Dores já atendia o próximo da fila. O trabalho não podia parar. Fixei atentamente minha atenção para observar singular fenômeno pois, do centro coronário e frontal da cabeça de das Dores, partiam ondas vibratórias poderosas na tonalidade azul-claro que se expandiam em radiações magnéticas e se perdiam no espaço. Notando minha curiosidade, o instrutor esclareceu-me:

– *O que estamos observando, neste momento, Virgílio, é algo em que vale a pena nos determos para efeito de esclarecimento. Nossa mente é um repositório de energias imponderáveis da centelha divina que guarda todas as potencialidades do espírito imortal. O ser humano desconhece sua própria capacidade e, por essa razão, tem dificuldade de acessar o diapasão mais elevado da tonalidade vibratória espiritual, que nos coloca em sintonia com as vibrações mais elevadas da espiritualidade superior, do infinito cósmico e do próprio espírito em sua ascese espiritual. Quando emitimos pensamentos de alegria, de paz, de harmonia, de bondade, pensamentos que se situam no diapasão vibratório do bem e do amor, nossa mente funciona à semelhança de poderosa estação radiofônica a emitir pensamentos positivos em forma de ondas magnéticas que viajam pelo espaço, entrando em sintonia com espíritos encarnados e desencarnados que também vibram na mesma tonalidade vibratória daqueles pensamentos. São espíritos bondosos, desejosos de praticar o bem, que amam e que estão felizes. Por fim, os pensamentos emitidos retornam sempre ao próprio emissor radiante de energias positivas angariadas nos contatos da sintonia dos demais pensamentos felizes que contatou. A pessoa sente-se fortalecida, sente-se bem, feliz e vencedora. É o que acontece com nossa irmã das Dores. Suas atitudes, sua postura é algo natural de sua condição de conquista espiritual, e é nisso mesmo que reside o valor de suas atitudes. Ela apenas emite desejo sincero de auxiliar o próximo e, inconscientemente, ela também é beneficiada enquanto auxilia o próximo. Tudo isso é algo maravilhoso e autêntico, pois encontramos dessa forma a caridade praticada com amor e desprendimento, e a mão esquerda não sabe o que a direita fez, como nos ensina o* Evangelho *do Cristo.*

Observei mais uma vez das Dores em seu trabalho humilde, revestida de belíssima aura de energia que atestava sua condição de espírito que já havia vencido importantes etapas em sua escalada espiritual de conquistas e na qual se destacava seu amor, desprendimento e sua humildade. A luz que se irradiava de seu centro coronário era simplesmente um retrato fiel que a centelha divina revela seu brilho quando e mesmo apesar das dores e tribulações, o espírito não se abate e aprende a amar e servir com humildade e desapego.

Naquele momento, chegou Irmã Marcelina na companhia espiritual de nosso querido Glaucus, que nos cumprimentou carinhosamente. A recém-chegada, com sua alegria contagiante e bom humor, sem afetação, cumprimentou todos os presentes. O instrutor Pétrus olhou-me de forma significativa e, naquele momento, eu sorri satisfeito, pois compreendi o que em pensamento o instrutor queria me dizer: Irmã Marcelina também era um espírito muito querido que, embora em situação material diversa de das Dores, espiritualmente, ambas eram muito parecidas. Pude observar que Irmã Marcelina também irradiava aura mental muito semelhante em tonalidade, beleza e radiação. O instrutor concluiu:

– Das Dores é uma pessoa humilde, que sofreu situações adversas e privações sem nunca se abater. Irmã Marcelina é uma mulher com elevado grau de instrução que convive com a alta sociedade e é privilegiada em termos de posses materiais. Aí reside a grande virtude das conquistas de nossas irmãs: uma, pelas privações e dificuldades, outra, porque possui riquezas materiais. Se, por um lado, o que sofre privações pode se revoltar e sucumbir se entregando ao desânimo, por outro, aquele que possui o talento da riqueza tem a oportunidade das tentações que a riqueza e o poder oferecem, e a maioria também sucumbe diante do poder transitório, dos enganos e das facilidades que a opulência permite. Das Dores e Irmã Marcelina, a exemplo de outras criaturas que existem, nos mostram, exemplificando, que a força e a determinação para a vitória residem no espírito que já aprendeu a caminhar com o Cristo, constatando que o fardo é leve e que a carga é suave.

Tão logo se acomodou no escritório, das Dores pediu a Irmã Marcelina que conversasse com Zé Moreno. Foi interessante observar que, quando seus olhos se cruzaram, suas auras se fundiram em perfeita sintonia. Irmã Marcelina sorriu para das Dores, como se naquele momento tivesse uma inspiração, e disse-lhe:

– Das Dores, minha irmã, traga Zé Moreno que eu vou conversar com ele e orientá-lo, mas, daqui a pouco, deverá chegar minha sobrinha, em companhia de Sebastião, e gostaria de pedir-lhe para participar da reunião que teremos em seguida, está bem?

Das Dores ficou perplexa. O que poderia ela fazer ou opinar em uma reunião de pessoas estudadas? No entanto, aquiesceu de bom grado.

– Pode contar comigo, Irmã Marcelina. Participo da reunião com prazer.

Irmã Marcelina chamou Zé Moreno para conversar. Aquela mulher irradiava bondade e simpatia, mas, acima de tudo, inspirava respeito por sua ascendência moral. Apesar de pertencer a uma classe social privilegiada, sua postura era de simplicidade fazendo com que criaturas humildes se sentissem bem para abrir o coração e contar seus problemas e mágoas. Zé Moreno desfiou seu rosário de problemas, confiante e Irmã Marcelina o ouviu com atenção e carinho. Com respeito, acima de tudo, ao irmão problemático, não o interrompeu em nenhum momento, deixando que aquele homem sofrido pudesse colocar tudo para fora de forma espontânea e no fim, com a cabeça baixa, pudesse chorar como se fosse uma criança. Só então a generosa benfeitora tomou a palavra, sem julgamento nem recriminações:

– Zé Moreno, meu filho! Quantas vezes as tribulações e os problemas nos afligem o coração como se fosse um aviso que alguma coisa está errada em nossas vidas? Você já percebeu que, apesar de todas as dificuldades, você ainda tem de agradecer a Deus? É verdade que seu trabalho é muito pouco reconhecido pela sociedade, mas não se esqueça de que Deus o reconhece. Já se deu conta que existem muitas pessoas que passam fome, e, com a graça de Deus, não lhe falta o pão de cada dia? Já observou que, apesar da dureza do seu trabalho, você tem saúde? Que, pela graça de Deus, você tem dois pés e duas pernas saudáveis que sustentam seu corpo para o trabalho? Que, pela bondade divina, tem mãos e braços fortes que permitem ganhar o sustento de cada dia com dignidade? Que, a despeito de todos os problemas e dificuldades, você é uma pessoa que, embora humilde, tem seu cantinho para morar? O que todos nós precisamos na vida, meu filho, é aprender a agradecer a Deus a todo momento, porque, apesar das dificuldades, dos problemas, da dureza da vida, Deus nos abençoa todo dia com a vida. Pense em quantas pessoas gostariam de ter pernas e pés, mas são portadoras de deficiência e não podem se locomover, quantas pessoas não têm as mãos nem os braços, quantas pessoas não conseguem se levantar a cada dia quando o sol se levanta no horizonte, porque estão presas a um leito de dor, outras porque são portadoras de doenças incuráveis, outras encontram-se em estágio terminal de vida! Olhe para você, meu filho, apesar dos problemas e das decepções, você ainda é abençoado por Deus! O que você precisa mesmo é ter Deus no coração, aprender a agradecer ao Pai Misericordioso que, apesar de todas as dificuldades, te abençoa a cada dia. Jesus nos recomendou, em seu *Evangelho* de amor, que deveríamos buscar o reino de Deus e sua justiça, e o restante receberíamos de acréscimo. Então, o que precisamos é colocar Deus em nossa vida e construir seu reino de amor em nossos corações, porque sem Ele, nada somos! Quando encontramos Deus em nosso coração, percebemos que todas as coisas se acomodam, tudo se equilibra, nos sentimos mais felizes e, por conseguinte, atraímos coisas boas para nossa vida.

Aquele homem sofrido soluçava com a cabeça abaixada. Ouviu atentamente as palavras de Irmã Marcelina e com humildade, em tom de súplica, pediu:

– Irmã Marcelina, tudo o que a senhora disse é a mais pura verdade! A dureza da vida fez com que eu me esquecesse de agradecer a Deus! Me lembro de que, quando criança, minha mãe me ensinou a orar e agradecer ao Pai do Céus mas a gente cresce, vêm os problemas, as dificuldades e nos esquecemos de tudo! Eu, que amo tanto minha Teresa, uma companheira tão valorosa, em vez de agradecer a Deus, porque apesar das dificuldades éramos felizes, não, apenas bebia e ficava valente. Resultado: ela foi embora e eu fiquei sozinho. A senhora tem razão quando diz que precisamos ter Deus em nossa vida, porque me esqueci de Deus e parece que Ele também se esqueceu de mim. O que posso fazer para mudar tudo isso, Irmã Marcelina? Por favor, me fale o que tenho de fazer porque estou disposto a mudar de vida. Me ajude, por favor!

Compadecida diante da sinceridade daquele homem, Irmã Marcelina se emocionou.

– Zé Moreno, vá segunda-feira à noite sem falta no centro espírita. Esteja lá depois das vinte horas que irei preencher um cartão para um tratamento espiritual e, já que você me parece mesmo disposto, já irei incluí-lo no próximo grupo de tratamento destinado às pessoas que têm o vício do fumo e do álcool. Tenha confiança em Deus, meu filho, e, se você perseverar, sua vida irá melhorar. No futuro, sua companheira, ao verificar que você melhorou, quem sabe até poderá voltar. Temos de semear boas coisas na vida, pois Deus sempre abençoa seus filhos, principalmente quando eles O buscam com humildade e amor no coração.

– Deus lhe pague, Irmã Marcelina, por sua paciência em me ouvir. Como posso lhe agradecer? – perguntou Zé Moreno, fazendo menção de beijar a mão da benfeitora, que imediatamente o impediu.

– Não precisa me agradecer por nada, meu filho, mas Deus ficará feliz com você se realmente buscar o caminho reto do bem. Esteja segunda-feira no centro, será a melhor forma de agradecimento a Deus.

Observamos aquele homem retirar-se esperançoso e renovado em suas disposições. Diante do meu interesse no assunto, o instrutor ponderou:

– *Veja, Virgílio, pudemos observar, nessas últimas horas, a verdadeira caridade em ação sem que houvesse necessidade de envolver qualquer valor monetário e financeiro. Das Dores pratica a caridade mais pura porque ela o faz com desinteresse e naturalidade. Aquelas pessoas cansadas, depois de um dia intenso de trabalho, muitas vezes discriminadas pelas ruas, marginalizadas e até mesmo hostilizadas, ao receberem a palavra carinhosa de atenção e respeito, sentem-se novamente dignas. Das Dores não está preocupada e nem percebe que, com sua atitude espontânea e verdadeira, pratica um verdadeiro gesto de caridade! A caridade mais pura, que a mão esquerda desconhece o que a direita fez! Em seguida, pudemos acompanhar o atendimento de Irmã Marcelina. Uma criatura com condição intelectual e financeira privilegiada, mas que sabe descer à condição dos mais humildes sem ferir-lhes a sensibilidade. Sabe ouvir com atenção e respeito e, ao falar, exprime-se com amor sem ferir a sensibilidade dos menos afortunados. Sua atitude é respeitosa e amorosa ao mesmo tempo, de forma que acolhe cada um de maneira tal que estes irmãos não se sintam ainda mais humilhados do que já são pela condição de vida que levam. Tanto das Dores quanto Irmã Marcelina sabem respeitar as individualidades e fazem do carinho e da atenção um verdadeiro gesto de caridade. Portanto, elas reabilitam as criaturas sem humilhar, aconselham-nas com dignidade, com carinho, e oferecem alternativas com fraternidade e, acima de tudo, com o respeito que cada um merece. É uma grande lição para todos nós: pode-se fazer tanto pelas pessoas sem necessidade de se gastar um centavo sequer! Basta uma atitude decidida e arregaçar as mangas! Basta amar como Jesus nos ensinou!*

Naquele instante chegava a jovem advogada em companhia de Sebastião. Irmã Marcelina não tivera filhos e adorava a sobrinha como se ela fosse a filha que não tivera, e a presença da sobrinha sempre era motivo de alegria.

– Cristina, minha querida sobrinha! – cumprimentou Irmã Marcelina, abraçando a sobrinha em manifestação de alegria sincera. – Como vai, minha filha? Estava com muitas saudades suas, sabia? Precisamos nos ver mais!

– Ah, titia, nem te falo. Ultimamente tenho recebido vários casos encaminhados pelo Ministério Público, um mais triste que o outro! Isto tem me tomado muito tempo. Ainda bem que o Sebastião está me dando uma mãozinha, mas coitado, ele tem de trabalhar e o que o governo me paga é tão pouco que mal dá para o aluguel do escritório e o salário de Jovelina, minha secretária. Mas não vim aqui para me queixar, pois estamos preparando nova petição e queria ouvir a opinião da senhora, porque Sebastião me diz que, se conseguirmos garantir um emprego para Clarinda, o juiz pode apreciar favoravelmente. O ideal seria que ela tivesse também um endereço definido; por essa razão, queria que a senhora nos orientasse como proceder para conseguir um emprego e um endereço fixo para minha cliente. Ah, titia, me dá uma luz, por favor! A senhora não imagina como ficaria feliz se essa criatura pudesse passar o Natal fora da cadeia!

A amorosa tia sorriu de forma espontânea e complacente diante do estranha defesa da sobrinha. Entretanto, pela reação, parece que já esperava por algo semelhante, pois a resposta foi imediata:

– Ah! Minha sobrinha querida! Você não imagina como me sinto feliz ao ver que você é uma pessoa sensível à causa dos menos favorecidos! E, no caso dessa sua cliente, acho que tenho uma solução.

Os olhos de Cristina brilharam de satisfação incontida em uma exclamação de alegria, enquanto abraçava efusivamente sua tia.

– Eu sabia! Eu sabia! – repetia a jovem de forma entusiasmada. – Algo me dizia para procurá-la hoje, pois a senhora iria encontrar uma solução para nossa cliente! Ouviu, Sebastião? Titia irá nos orientar a respeito de um emprego e endereço fixo para Clarinda! Ah, meu Deus! Obrigado por ter-me dado uma tia tão bondosa como a que eu tenho! Finalmente, com ajuda da titia, iremos conseguir a libertação de Clarinda!

– Sim, minha sobrinha, tenho certeza que vocês finalmente haverão de conseguir a liberdade dessa pessoa tão sofrida. Mas, para isso, iremos precisar também da ajuda de uma outra pessoa.

Com essas palavras, Irmã Marcelina abriu a porta e chamou das Dores, que atendeu imediatamente.

– Das Dores, você já conhece minha sobrinha. Ela tem uma cliente que foi apanhada roubando comida para dar aos filhos e, como conseqüência, acabou sendo presa. É uma criatura sofrida que está pagando pesada pena em virtude de um delito praticado em momento de desespero. Cristina já tentou por diversas vezes conseguir a libertação da prisioneira, mas esbarra no problema de ela não ter endereço fixo nem trabalho. Neste momento, estou orientando Cristina e Sebastião a apelarem ao juiz, pois em nome da cooperativa estou oferecendo um emprego para que aquela criatura possa ter o direito de conquistar sua liberdade. O que você acha? Ela virá aqui e vocês irão trabalhar juntas. Queria ouvir sua opinião a respeito.

O silêncio foi completo no ambiente. Todas as atenções se voltaram para das Dores, que estava com os olhos cheios de lágrimas. Por que Irmã Marcelina pediu a opinião de das Dores? Ela era a responsável pela instituição e poderia simplesmente dar uma determinação e pronto.

O instrutor Pétrus acompanhava meus pensamentos e fez um gesto significativo, como que dizendo: "espere e verá por quê".

Naquele momento, as lágrimas desceram pelo rosto vincado de rugas da velha anciã, e sua voz ecoou no ambiente embargada pela emoção:

– Irmã Marcelina, este momento é uma das raras ocasiões em que sinto que, apesar de todos os problemas, das decepções que a vida me reservou, das dificuldades, tudo valeu a pena!

A senhora é uma pessoa abençoada por Deus e confesso que tenho vivido momentos de grande felicidade, com os quais jamais sonhei em minha vida desde que acolhi Julinho e André das ruas. A partir daquele dia, minha vida mudou e tenho até medo de imaginar que tudo isso seja simplesmente um sonho e que a qualquer momento possa acordar. Quando a encontrei, desde aquele momento, pude perceber que existem pessoas enviadas por Deus e a senhora é uma destas pessoas, Irmã Marcelina. A senhora confiou em mim desde o primeiro momento e tem proporcionado a cada dia gestos de confiança e amizade de que não me considero merecedora. A senhora está dizendo que esta criatura necessita de um emprego e pede minha opinião? Pois se precisa mesmo de minha resposta vou dizer-lhe: pode trazê-la imediatamente para trabalhar que, se for necessário, eu renuncio a meu cargo em favor dela e vou ainda mais longe: ela também necessita de um endereço fixo? Pois considere minha casa como endereço para essa pessoa! Ela será bem-vinda no lar que a senhora nos concedeu. Terei muita alegria em repartir o teto que eu e os meninos hoje ocupamos! Minha casa será dela também e, pode ter certeza, Irmã Marcelina, estou fazendo isso com muita alegria, pois tenho convicção de que isso irá proporcionar as condições necessárias para que essa criatura tão sofrida possa recuperar novamente sua vida e sua dignidade!

Das Dores falava de forma emocionada, contagiando todos os presentes que tinham os olhos rasos d'água. Nós também estávamos emocionados e, quando olhei para o instrutor, ele sorriu como querendo me dizer: "viu?" Mas voltamos nossa atenção para o desenrolar dos acontecimentos na esfera material. Irmã Marcelina levantou-se e abraçou longamente aquela criatura valorosa, que, a despeito de todas as vicissitudes, não havia perdido a dignidade nem a sensibilidade diante do sofrimento alheio.

– Das Dores, minha querida irmã – dizia Irmã Marcelina, com forte emoção –, só você mesmo para este gesto de abnegação e desprendimento. Eu jamais ousaria pedir-lhe que oferecesse seu próprio teto a uma desconhecida!

– Não, Irmã Marcelina, algo me diz que essa criatura merece uma nova chance na vida! Um dia a senhora me ofereceu dignidade por meio de um emprego e moradia! Eu acho que jamais poderia retribuir à senhora este gesto de bondade, mas neste momento essa criatura necessita mais que nunca de um emprego e um lugar para morar! A senhora está oferecendo um emprego e eu ofereço um espaço em meu teto! Vou dizer mais: faço isso com alegria como maneira de retribuir de alguma forma o bem que a senhora tem feito por mim e por tantas pessoas necessitadas! Obrigada, Irmã Marcelina; em tudo isso, a senhora é que é a benfeitora!

– Irmã das Dores, você me faz chorar de emoção – redargüiu Irmã Marcelina enxugando os olhos. – Mas vou te dizer uma coisa de todo coração: Jesus teria feito o mesmo em seu lugar! Ele nos ensinou a amar a Deus e também ao próximo como a nós mesmos! Hoje, com sua atitude, você está nos mostrando que aprendeu a amar como ele nos ensinou! Eu é que tenho de agradecer seu gesto de desprendimento e amor! Obrigada, minha querida amiga! Que Deus lhe pague!

Irmã Marcelina e das Dores ainda ficaram abraçadas por mais alguns instantes. Ninguém ousava interromper aquele momento tão solene e sagrado! Mais uma vez testemunhávamos duas criaturas abnegadas e altruístas em suas atitudes de desprendimento e amor em favor dos tristes, dos aflitos, dos deserdados da sorte, dos esquecidos...

Por fim, enquanto das Dores também enxugava os olhos, Irmã Marcelina comentou com Cristina e Sebastião:

– Viram, meus filhos? Boas notícias, não é verdade? Sua cliente, como diz minha querida sobrinha, agora tem emprego e endereço fixo. Portanto, arregacem as mangas e vão à luta! Com a graça de Deus, essa criatura poderá recuperar a liberdade e quem sabe passar o Natal no aconchego do lar de das Dores, experimentando alegria e carinho verdadeiros. Agora, por favor, me dêem licença, pois tenho uma reunião muito importante com os diretores do centro espírita. Fique com Deus, das Dores, que Ele te abençoe e ilumine Cristina, e que te inspire, Sebastião – despediu-se Irmã Marcelina.

A reunião havia terminado. Glaucus acompanhou sua protegida com um até logo, enquanto o instrutor e eu permanecemos ainda um pouco mais no ambiente. Desejava ouvir os comentários finais do instrutor, pois confesso que ainda me encontrava emocionado e impressionado com tudo que havia presenciado.

– Hoje pudemos observar como agem os espíritos que já alcançaram a bondade e a abnegação como conquista espiritual, Virgílio. Presenciamos o comportamento de dois espíritos reencarnados em abnegada missão de amor como Irmã Marcelina e das Dores. Se por

um lado essa irmã encontra-se nesta existência em condições materiais favoráveis, inclusive de mando, ela, em espírito, tem a sensibilidade de não abusar do poder; muito ao contrário, pede auxílio e sugestão e qual o resultado? Quem tem sabedoria conquista as pessoas em vez de determinar ordens e, dessa forma, alcança não apenas a obediência, mas a colaboração prazerosa dos comandados que sentem verdadeira alegria em colaborar com aqueles que têm a responsabilidade nas mãos. O comandado é estimulado porque se sente envolvido na ação e prestigiado como parte integrante do processo. Foi o que observamos, pois, no fundo, das Dores é uma criatura de boa índole que, independentemente de qualquer situação, responderia positivamente e de bom grado. Entretanto, a forma respeitosa como ela conduziu a solicitação obteve auspicioso resultado, e o que é mais importante: resultado esse que foi muito além do esperado. Vejamos: Irmã Marcelina pediu a opinião de das Dores para uma questão e o resultado espontâneo foram duas respostas que trouxeram a solução completa para o problema e engrandeceram o gesto de das Dores. Ah! Meu estimado Virgílio – concluiu o instrutor –, *é nestas horas que certamente o Criador sente alegria e satisfação por seus filhos, ao observar que a centelha divina já refulge nos corações daqueles que já superaram a fase do egocentrismo e dos apegos desmedidos da matéria!*

As ponderações do instrutor calaram fundo em minha alma. Registrei os apontamentos, com o coração agradecido pela oportunidade de tão grandioso aprendizado, naquela noite abençoada. O instrutor prosseguiu:

– *A noite ainda não terminou, Virgílio. Iremos participar da reunião no centro espírita uma vez que Irmã Marcelina tem ainda mais novidades e, por essa razão, convocou esta reunião extraordinária com os membros da diretoria.*

Quando chegamos ao centro espírita, a reunião estava na prece de abertura. Luzes translúcidas desciam do alto envolvendo aquela casa abençoada, particularmente iluminando a sala de reuniões. O ambiente era de paz e harmonia entre os presentes, encarnados e desencarnados. Concluída a prece, cumprimentamos Glaucus e os demais irmãos de nossa esfera, enquanto Irmã Marcelina iniciava sua exposição de motivos:

– Meus queridos irmãos – iniciou ela, inspirada, envolvida amorosamente por Glaucus –, vocês me conhecem sobejamente, não é de hoje, e têm acompanhado de perto a minha preocupação e a minha luta em favor de nossos irmãos menos favorecidos. Aliás, luta esta que tenho tido o privilégio de compartilhar com vocês todos que fazem parte da diretoria desta casa e de todos os trabalhadores que colaboram em prol de nossas atividades. Quero, neste momento, registrar meu carinho e meu agradecimento a todos vocês pela compreensão e apoio que nunca me faltaram nesta casa, nos momentos mais difíceis. Mas hoje eu tinha de convocá-los pois não poderia deixar de compartilhar de uma coisa maravilhosa que ocorreu. Mas, antes de dar-lhes a notícia, gostaria de dizer-lhes que, quando iniciamos o trabalho do grupo de samaritanos, o objetivo inicial era oferecer sopa e chocolate quente nas noites de frio aos nossos irmãos moradores de rua. Com o tempo, observamos que era importante não só oferecer o alimento a esses moradores, mas também fazer algo diferente para tirá-los das ruas devolvendo-lhes a dignidade por meio de alguma forma de trabalho honesto, que permitisse o seu próprio ganha-pão. Fundamos então a Cooperativa dos Apanhadores de Papelão, que se ampliou em todos os sentidos. Hoje temos um grande número de cooperados que ganham seu sustento e sonham com uma vida melhor, pois, além da cooperativa, temos também os cursos noturnos. Os resultados têm sido muito animadores, o que não é nenhuma novidade, pois vocês têm acompanhado os trabalhos desenvolvidos naquela instituição. Fico feliz, pois tem sido gratificante, em todos os sentidos, acompanhar o soerguimento de tantas criaturas. Entretanto, nos últimos meses, tenho acompanhado outro tipo de problema que tem me afligido muito: é o dos menores moradores de rua. Confesso que nem tenho dormido direito buscando alternativas e soluções e, como todos sabemos, nada acontece por acaso: desde um encontro que tive com um grupo de crianças abandonadas, fiquei pensando numa forma de como tirar essas crianças da rua, dando-lhes uma nova perspectiva de vida. Ah! Meus queridos irmãos, vocês também se emocionariam ao conhecer histórias de vida, tristes demais, mas que é nossa realidade nos dias de hoje: crianças órfãs de pais vivos, que abandonaram seus lares porque não suportavam a violência dos próprios pais, preferindo os rigores, a violência e as incertezas das ruas. Infelizmente observamos que, apesar do esforço, os órgãos públicos têm falhado na reeducação destas crianças que, em contato com outros, acabam se tornando infratores e delinqüentes juvenis. Fiquei pensando: bem que poderíamos construir uma escola profissionalizante voltada ao menor carente, de forma que ele pudesse ter um lugar onde ficar, estudar, crescer sem medo e ter uma profissão. Pensei dias e dias a fio e confesso que nem me atrevia a dizer-lhes nada, pois já temos tantas obras assistenciais e nossos custos são muito elevados para que vocês se preocupassem com novas responsabilidades. No entanto, no fundo, sentia que deveria fazer alguma coisa. Tudo estava apenas no campo do sonho e do pensamento quando um dia destes um amigo me telefonou dizendo que a prefeitura tinha um terreno e que havia possibilidade de que fosse arrendado por longo período a alguma instituição séria para construção de uma escola profissionalizante. –"Existem outras instituições que iremos oferecer" – disse-me ele –, "mas a de vocês vem em primeiro lugar porque nós conhecemos o trabalho que vocês realizam. É pegar ou largar, pois não podemos esperar". Eu peguei! Peço-lhes que me perdoem porque uma oferta como esta não cai do céu todo dia. Além do mais, tenho plena convicção de que o plano espiritual superior conspira a nosso favor, porque não existe acaso. Eu sonhava em construir uma escola profissionalizante voltada ao menor carente e nem sequer havia comentado isso com vocês! Aí, vem um amigo que não vejo há tanto tempo e me liga nos oferecendo um terreno outorgado pela prefeitura! Ah! Meus queridos irmãos, como presidente da instituição, já assinei o contrato! Essa é a novidade que tinha para vocês nesta noite.

A assembléia ficou estática e muda por alguns instantes, diante do impacto da notícia enquanto o instrutor Pétrus e Glaucus sorriam diante da espontaneidade das palavras de Irmã Marcelina. Eu estava admirado, pois realmente aquele estava sendo um dia de boas notícias, uma atrás da outra. Realmente, minha admiração por Irmã Marcelina crescia a cada instante diante da energia e da boa vontade daquela valorosa trabalhadora do Cristo. Recuperados do impacto inicial, um dos presentes se manifestou:

– Irmã Marcelina, compreendemos sua disposição e sua boa vontade em acolher crianças de rua, pois este também é um anseio de todos nós. Mas já temos tantas despesas com as demais obras assistenciais. Não seria uma temeridade construir uma escola? Ademais, construir já é um grande problema e manter a escola, depois de construída, é outro problema maior ainda.

A generosa amiga não titubeou e, inspirada por Glaucus, deu a resposta imediata:

– Meu querido irmão, eu concordaria com sua argumentação se não tivéssemos abraçado a Doutrina Espírita que nos traz a fé raciocinada. Aquele que confia em Deus não pode ser imprudente, mas não pode temer nada diante da boa luta! É no trabalho árduo e sério que todos nós iremos arregimentar novos colaboradores para contribuir com esta grandiosa obra! Depois, faremos promoções para arrecadar fundos, faremos festas, jantares e tantas outras formas para angariar os recursos de que necessitamos. Buscai o reino de Deus e sua justiça, o restante vos será dado de acréscimo, nos disse Jesus! Não vamos confiar no que o Cristo nos ensinou no *Evangelho*?

Novamente se fez silêncio mas, logo em seguida, outro membro se manifestou:

– Concordamos contigo, Irmã Marcelina. Todavia, nosso irmão Geraldo tem razão quando nos lembra dos custos, pois construir uma escola demanda recursos pesados. Além do mais, não iremos resolver os problemas do país, pois o número de menores de rua é muito grande e aumenta a cada dia. Vale a pena nos desgastarmos tanto, investirmos tanto dinheiro em uma obra tão cara para atender quantos? Acho tudo isto meritório, mas iremos investir um dinheiro que não temos e não iremos resolver os problemas dos menores abandonados.

Irmã Marcelina olhou emocionada para aquele irmão. Seus olhos estavam rasos de lágrimas.

– Ah! Meu querido irmão! Como é duro ser um menor de rua, sofrer os rigores da incompreensão e da insensibilidade humana! Já pensou se um de nós fosse um menor de rua? Que sofreu violência dentro do próprio lar? Que presencia todo dia o pai embriagado espancando sua mãe, os irmãos e você mesmo? Que na rua sofre outros tipos de abusos e violência? Vou dizer-lhes uma coisa: temos de ter consciência de que não iremos resolver os problemas do mundo, mas para aqueles que pudermos fazer a diferença, ah, meus queridos irmãos, terá valido a pena!

A assembléia se calou. Após alguns segundos de agoniado silêncio, um dos membros chamado Carlos se manifestou:

– Irmã Marcelina, pode contar comigo! Esta causa que a senhora abraçou é também minha e, tenho certeza, de todos nós! A senhora não ficará sozinha nessa empreitada, pois tenho a mais absoluta convicção de que nossos irmãos se manifestaram preocupados, até com justa razão, mas eu não tenho dúvida de que todos nós estamos a seu lado e, com o amparo de Deus, iremos construir essa escola!

Diante daquelas palavras, a generosa benfeitora curvou a cabeça e soluçou emocionada. Carlos a aplaudiu e, ato contínuo, os demais membros da assembléia então se levantaram e também aplaudiram aquela valorosa mulher que sabia curvar a cabeça em sinal de humildade, diante de uma grande causa. Carlos então concluiu:

– Os membros desta assembléia aprovam por aclamação sua proposta, Irmã Marcelina. Pode contar conosco que este nosso sonho se tornará realidade!

Era muita emoção para nossa irmã! Em lágrimas de contentamento, ela abraçou e agradeceu a cada um dos presentes pelo apoio recebido.

– Que Deus os abençoe, meus queridos irmãos! Não se preocupem com minhas lágrimas, vocês me conhecem, sou uma manteiga derretida e hoje o dia foi de muita emoção para mim. O apoio de todos é muito importante porque esta obra não é nossa, mas do Cristo!

O ambiente se tornou resplandecente com luzes fosforescentes, enquanto Carlos, envolvido e inspirado por querido e conhecido amigo da espiritualidade, encerrava a reunião com sentida prece, com a voz embargada de emoção.

– Jesus, mestre de amor! Ainda somos instrumentos imperfeitos e quantas vezes ainda vacilamos, Senhor! Como sublime pastor, toca-nos com seu cajado, estende-nos as mãos, auxilia-nos, ensina-nos a caminhar, mostra-nos o caminho e fortalece-nos na fé. Não permita, Senhor, que venhamos a esmorecer e, se cairmos em algum trecho do caminho, estende novamente suas magnânimas mãos e nos levanta nos amparando e devolvendo a confiança quando as tribulações se abaterem. Permita que possamos abraçar mais esta grande empreitada em seu santo nome e que possamos levá-la avante para que seu nome seja sempre engrandecido e glorificado no amor e na caridade! Quando as tempestades sobrevierem, o açoite nos ferir e as perturbações nos assaltarem, fica conosco, Mestre querido! Permita que a espiritualidade superior, nossos protetores e amigos possam em seu nome estar conosco nos inspirando sempre! Nesta noite de amor e de luz, possamos ser mais uma vez abençoados em nossos propósitos! Que o trabalho nunca nos falte, Jesus querido, e não permita que em nenhum momento sejamos assaltados pelas dúvidas e nem nos abatermos com o desânimo diante das dificuldades que certamente haveremos de encontrar! Que a sua paz esteja sempre em nossos corações!

Concluída a prece, a beleza do ambiente era indescritível. Como se fosse uma garoa fina e translúcida, descia do alto fortes vibrações de amor na forma de um facho luminoso intenso, envolvendo todos os presentes. A alegria e a confraternização se estendia entre o plano material e o plano espiritual. Abraçamos emocionados cada um dos irmãos desencarnados que, por sensibilidade mediúnica apurada, pressentiam nossa presença.

Glaucus estava radiante de alegria e satisfação e, enquanto nos abraçávamos, proferia seu contentamento:

– Hoje foi um dia de muita alegria, Virgílio! O que deveríamos ter em mente é que a vida nos traz lutas intensas e dificuldades sem nome, mas quando a centelha divina já despertou para suas potencialidades, o espírito adquire a têmpera inquebrantável da vontade que tudo vence, porque encontra a sintonia que se irradia do próprio Criador!

Quanto maior a dificuldade, maior o mérito do discípulo em sua escalada evolutiva, e são momentos como este que valem por toda uma existência! Com a graça de Deus, podemos dizer que hoje realmente foi um dia de muitas alegrias e de boas notícias!

Compreendia perfeitamente o que Glaucus me dizia porque também me sentia um privilegiado por estar vivenciando aquele momento em que os eflúvios vibratórios provenientes das esferas superiores nos envolviam, tocando nossas fibras mais sensíveis do ser, e a emoção tomava conta de meu coração.

O instrutor Pétrus complementou:

– *Mais uma vez pudemos observar que a humildade é uma conquista espiritual de valor extraordinário, Virgílio. Quem tem o poder de mando e ainda não possui humildade, transforma-se muitas vezes em um ditador, mas aqueles que já efetuaram esta conquista sabem se curvar, sem perder autoridade nem dignidade, alcançando conquistas maravilhosas no campo das realizações, visto que a colaboração é prazerosa e autêntica. Irmã Marcelina nos deu mais um grande exemplo de humildade nesta noite. O resultado nós testemunhamos, e a alegria que nos envolve é contagiante e legítima. Glaucus tem toda razão, hoje foi um dia de muitas alegrias e boas notícias. Que Deus nos abençoe a todos.*

De retorno à nossa colônia, sentia ainda aquela sensação indizível de paz e alegria que ainda perdurava em meu coração. Elevados no espaço, não pude deixar de registrar o magnífico espetáculo que se descortinava ante minha visão: suspenso no espaço, mergulhado na escuridão da noite, nosso planeta irradiava tênue luminosidade, que era de indescritível beleza, enquanto, na abóbada celeste, milhões de astros multicoloridos cintilavam na alegria do Criador!

Ao longe avistávamos as luzes radiantes da Colônia Irmão Nóbrega, enquanto meu coração pulsava feliz na sintonia da harmonia e da paz que nos envolvia.

A libertação e o reencontro

Era uma sexta-feira da semana que antecedia o Natal. O instrutor informou-me que naquele dia estaríamos efetuando novo deslocamento até a crosta terrestre, para efeito de estudos e apontamentos sobre o clima pré-natalino que envolve o ser humano moderno. Ainda a distância, observei a beleza do sol refletindo sobre os campos e cidades, enquanto nuvens levemente azuladas cobriam parte da paisagem no espaço em que nos localizávamos. Todavia, na medida em que nos aproximávamos da cidade de São Paulo, surpreendi-me com as vibrações que registrei, pois eram bem diferentes daquelas observadas na noite anterior. Alcançamos as ruas e o que presenciei deixou-me preocupado com o intenso burburinho da grande metrópole. Era um corre-corre frenético, pessoas apressadas, ruas superlotadas e trânsito caótico. Os motoristas demonstravam irritação nos faróis, alguns mais exaltados entravam em discussão proferindo palavras agressivas contra pedestres que cruzavam as ruas do centro da cidade, em todos os sentidos.

A região de compras mais popular da capital paulistana estava apinhada de pessoas, lotando lojas e ruas. As pessoas se comprimiam em pequenos espaços no afã das compras de presentes para a noite do Natal. O calor era insuportável, o que contribuía para a irritação de muitos que não escondiam sua contrariedade. As crianças sofriam e muitas choravam em virtude do desconforto enquanto os pais perdiam a paciência. Pessoas carregadas de pacotes se atropelavam nas aglomerações públicas ao mesmo tempo que os coletivos trafegavam superlotados.

Procurei apurar minha sensibilidade para aferir as vibrações coletivas e me surpreendi ao perceber o teor agressivo de irritação e impaciência. Aproveitei o momento para ouvir do instrutor esclarecimento a respeito, considerando que o período de Natal em que a maior parte da cristandade comemora o nascimento do Salvador, a humanidade emite vibrações amorosas de paz e harmonia. Na noite em que retornávamos para a colônia, após a reunião de Irmã Marcelina, eu havia identificado vibrações sutis provenientes da crosta terrestre. Por que naquele momento as vibrações coletivas eram opostas?

Pétrus sorriu ao me responder.

– Já esperava por sua indagação, Virgílio. Realmente, no período que antecede o Natal, a humanidade de um modo geral procura buscar, cada um a seu modo e de acordo com seu entendimento, uma harmonização interior, emitindo pensamentos positivos que elevam a vibração coletiva do planeta. De alguma forma, os homens abrandam seus sentimentos, vibrando intimamente desejos de paz e confraternização. A luminosidade vibratória que você identificou, naquela noite, devia-se ao fato que a grande maioria das pessoas já se encontrava no aconchego de seus lares, tranqüilas e harmonizadas, envolvidas no

clima do Natal. O somatório das vibrações daqueles que compreendem sinceramente o significado do Natal, e que agem com verdadeiro espírito natalino, auxiliam os necessitados, amparam os aflitos, visitam os enfermos e, mesmo nas reuniões evangélicas, por meio da prece, emitem poderosas vibrações de amor. É exatamente neste período que o divino amigo encontra a melhor sintonia com a humanidade terrena. O nosso orbe fica então envolvido por suave vibração de amor que encontra sintonia nos corações sensíveis, brandos e pacíficos. Pôde então observar a luminosidade proveniente das emanações vibratórias mais elevadas da coletividade terrena. Entretanto, é com tristeza que constatamos que esta data, que foi simbolizada como o nascimento do Cristo, esteja um tanto quanto deturpada em seu verdadeiro sentido. Propagam-se interesses comerciais desmedidos – em que estatísticas comparam aumento de vendas, ano após ano –, de maneira que as pessoas se desarvoram no corre-corre desenfreado das compras de presentes diante da maciça publicidade que envolve interesses meramente financeiros de vendas e lucros. Não somos contra o comércio e nem é nosso objetivo condená-lo, mas simplesmente alertar o ser humano para o fato de que, se deixar envolver no desespero consumista de compras desenfreadas faz com que as pessoas fiquem estressadas, uma vez que se cria uma verdadeira roda-viva de obrigações desnecessárias. As pessoas compram presente para os filhos, para os afilhados, para os sobrinhos, para o pai, para a mãe, para a avó, para o avô, para os professores dos filhos, para os empregados, para o amigo e, depois de tanta correria, sempre acaba se esquecendo de alguém. Diante de tantas compras, as idas e vindas são muitas e as pessoas ficam nervosas, pois as ruas tornam-se intransitáveis pelo tráfego intenso, as lojas abarrotadas de pessoas, os shoppings entupidos de consumidores, no afã desesperado de compras atendendo aos apelos de consumo, motivados por intensas campanhas publicitárias. Os supermercados ficam superlotados nas compras natalinas dos comes e bebes, e as filas dos grandes magazines são verdadeiro suplício aos consumidores, visto que sentem-se na obrigação de cumprir o ritual das compras sem esquecer nenhum detalhe no que tange à ceia e às bebidas, bem como aos presentes. Dessa forma, as pessoas se irritam porque tudo isso é muito estressante e, embora seja um período que representa meditação, paz e harmonia, as pessoas se comprimem, se esbarram, se desesperam e acabam se desequilibrando. Dessa forma, as vibrações de irritação que estamos registrando, deve-se ao fato de que, nestes momentos, impera ainda o sentimento egoísta de que a maioria das pessoas ainda não se despiu. No aglomerado de pessoas, no trânsito difícil, no corre-corre desenfreado, esquece-se da gentileza, da educação e da civilidade. As pessoas ficam nervosas se aborrecendo por qualquer contrariedade e emitindo pensamentos agressivos de forma quase compulsiva. O resultado é o que presenciamos.

Registrei com atenção a ponderação do instrutor. Realmente, pensei, os tempos mudaram muito. Recordei minha infância em que havia um clima de encantamento e alegria no ar, no período que antecedia os festejos natalinos. Quando nos reuníamos à mesa para a ceia, mamãe jamais deixava de mencionar que aquela época era a comemoração do nascimento do menino Jesus, que nascera pobrezinho, tendo como berço uma simples manjedoura e que os animais, com seu bafejo, o aqueceram do frio. Eram lembranças saudosas de uma meninice que nos marca em espírito e que jamais se apaga de nossa memória. O que observava agora era um cenário bem diferente, infelizmente.

O instrutor complementou:

– *Tem toda razão, Virgílio, pois a humanidade está pagando um alto preço pelo progresso, que trouxe em seu bojo inovações, modernidade, conforto material mas, por outro lado, uma situação irreversível para as famílias que necessitam aumentar o orçamento para atender a demanda consumista. Em épocas mais recuadas, o pai era o chefe da casa e responsável para prover as necessidades da família. A mãe preocupava-se com a educação dos filhos e as prendas domésticas. A família se sentava à mesa na hora da ceia e a oração era um hábito salutar que, infelizmente, foi esquecido pela maioria das pessoas. Hoje os familiares quase não conversam entre si, pois cada um chega em um horário, depois tem a televisão, o jogo de futebol, o programa favorito, o compromisso inadiável, tudo como empecilho para que a família possa se reunir. E as coisas se complicam ainda mais quando chega o final do ano e a proximidade do Natal. Sabemos que tudo isso hoje é um* modus vivendi *e que a onda consumista é irresistível e avassaladora e, por essa razão, recomendamos a prática do* Evangelho *no lar. Pelo menos uma vez por semana, a família deve se reunir para orar juntos, se harmonizar, conversar e usufruir os inúmeros benefícios que a oração traz ao seio familiar.*

Enquanto meditava naquelas palavras, o instrutor surpreendeu-me dizendo que iríamos imediatamente até a Cooperativa dos Apanhadores de Papelão, pois havia novidades.

Deslocamo-nos rapidamente e, quando lá aportamos, encontramos Glaucus sorridente:

– Sejam bem-vindos, amigos. Temos notícias maravilhosas, pois o juiz acolheu favoravelmente o requerimento e acaba de conceder um alvará de soltura para Clarinda. Cristina e Sebastião estão neste momento acompanhando o oficial de justiça encarregado de apresentar esse documento ao diretor da prisão para trazê-la para a casa de das Dores.

Realmente, para completar o ciclo de bons acontecimentos, não poderia haver notícia melhor. Notei que o clima era de alegria e festa. Na expectativa da chegada da ex-prisioneira, Irmã Marcelina abraçava das Dores que emocionada chorava. Aproximei-me da senhora, procurando sondar o que ia em seus pensamentos. Ela pensava naquele momento em André e Julinho recordando que os havia previamente preparado, conversando longamente para que recebessem com educação, naturalidade e respeito uma pessoa que era muito pobre, humilde e necessitada. Os meninos ficaram com os olhos cheios de lágrimas e André, com sua inocência, comentou:

– Bem que poderia ser mamãe!

– Não seja bobo – respondeu Julinho, com ares de sabido. – Mamãe está doente no hospital. Acho que até já morreu.

André fez cara de choro, mas Julinho rapidamente consertou suas palavras, abraçando com carinho o irmão.

– Não chore, André, é só uma brincadeira boba que eu fiz. Agora nós temos mamãe das Dores que cuida de nós. Outro dia ela me disse que um dia desses mamãe sairá do hospital e virá morar conosco, não é verdade, das Dores?

Das Dores sorriu diante da perspicácia do menino e, como não tinha alternativa, confirmou.

– É verdade, André. A mãezinha de vocês um dia destes sairá do hospital e ela virá para cá morar conosco.

Enquanto seu pensamento repousava na doçura da lembrança de seus filhos adotivos, tão queridos, notei que alguma coisa não estava bem com a bondosa senhora.

Glaucus percebeu minha observação e, antes que eu formulasse qualquer indagação, esclareceu-me.

– *Não se preocupe, Virgílio. Estamos acompanhando de perto nossa querida das Dores. Fique tranqüilo, pois tudo está certo e correndo conforme planejado.*

Intimamente registrei o que Glaucus queria dizer. Das Dores estava completando seu ciclo de vida nesta existência. A generosa anciã estava no final de uma existência gloriosa de tantas lutas e muitas vitórias. Emocionado, abracei aquela mulher arqueada pelas lutas e pelo tempo e respeitosamente depositei um beijo de carinho em sua fronte vincada pelas marcas da vida e acariciei seus cabelos embranquecidos com carinho, tal qual fosse minha própria mãe.

O instrutor Pétrus observou minha emoção, abraçando-me como um mestre abraça um discípulo, como um pai abraça um filho.

– *Estaremos acompanhando das Dores até o final de sua existência corpórea, Virgílio, e iremos recebê-la com muita alegria do lado de cá.*

Diante das palavras amigas do instrutor, chorei emocionado, com alegria e reconhecimento. Seria um momento de grande emoção estar ao lado de das Dores quando do seu desenlace e poder recebê-la após sua passagem.

Naquele momento chegavam Cristina e Sebastião acompanhados de Clarinda. A jovem advogada e Sebastião estavam radiantes de alegria por terem finalmente alcançado sucesso em seus objetivos.

Dava pena ver a figura de Clarinda. Abatida pelo sofrimento, trazia a marca inesquecível dos tormentos que vivera na prisão: seu olho esquerdo exibia a íris esbranquiçada em virtude da agressão sofrida por companheiras de cela, tendo como conseqüência a perda da visão. Notavam-se também mechas de cabelos precocemente esbranquiçados em virtude do sofrimento. A infeliz criatura não sabia se sorria ou se chorava. Com seu jeito simples de pessoa que tinha consciência da dimensão da dívida de gratidão para aquelas criaturas que a auxiliaram, expressou seu reconhecimento:

– Quero agradecer a todos vocês que acreditaram em minha inocência e, antes de mais nada, quero agradecer a Deus, porque achei que iria morrer na cadeia, pelo sofrimento e pela dor da saudade de meus filhinhos queridos, que um dia deixei na rua em busca de alimento para eles. Poderia dizer que estou feliz, mas não posso porque ainda me lembro da figura de meus filhos embaixo daquele viaduto, um deles doente e o outro com apenas sete anos de idade.

A voz de Clarinda soava emocionada e o silêncio era completo no ambiente. Aquela mulher, ainda jovem e bela, parecia envelhecida e alquebrada. Quando mencionou sobre a figura dos filhos, abaixou a cabeça em soluços, chorando copiosamente.

– Ainda me lembro, como se fosse hoje – continuou Clarinda –, da figura de meu filho tão pequeno, quando eu pedi que ele tomasse conta de seu irmão de apenas três anos, que se encontrava adoentado! Era apenas uma criança, mas parecia gente grande quando me disse orgulhoso: "pode ir, mamãe, que eu tomo conta do Andrezinho". Ah! Meu Deus, como poderia imaginar que acabaria sendo presa ao tentar roubar comida para meus filhos, numa tentativa de desespero, pois quando pedi me foi negado! Se, por um lado, estou satisfeita com minha liberdade, por outro lado, jamais terei paz em meu coração sem saber o que aconteceu com meus filhinhos queridos, abandonados embaixo daquele viaduto frio e escuro.

Naquele instante, das Dores sentiu um estremecimento. Com o coração oprimido pela emoção, não acreditava no que ouvia. Seria aquela a mãe das crianças abandonadas que ela acolhera naquela noite fria? A descrição correspondia plenamente, inclusive quanto ao nome do filho menor: André. Das Dores naquele momento não teve dúvidas: não saberia explicar, mas por um capricho da vida, o destino a colocava frente a frente diante da mãe das crianças que ela havia acolhido e que tanto amava. Deus era realmente maravilhoso porque permitira que ela colaborasse com a soltura daquela mulher tão sofrida, oferecendo sua casa como moradia, sem imaginar que estava oferecendo um teto para a mãe dos filhos que ela adotara de coração. Para espanto geral, das Dores pediu licença para interromper Clarinda.

– Minha filha – disse a bondosa anciã, com os olhos cheios de lágrimas –, você disse que um de seus filhos se chamava André e que você os deixou embaixo de um viaduto. Como se chama seu filho mais velho?

Sem compreender aonde ela queria chegar, Clarinda voltou-se para das Dores que olhou fundo naqueles olhos que traduziam intenso sofrimento e desespero. O olho mortiço e esbranquiçado parecia ter criado vida, revelando toda a intensidade da dor que ia naquela alma.

– Sim, minha senhora, meu filho mais novo se chamava André e o mais velho Julinho, e eu os deixei embaixo de um viaduto de uma avenida muito movimentada que eu não sei o nome.

Das Dores não teve mais dúvidas. Aquela era a infortunada mãe de seus meninos! Num ato de forte emoção, abraçou Clarinda acariciando seus cabelos e soluçando revelou a verdade que acabara de descobrir.

– Clarinda, minha filha, você foi abençoada por Deus nesta noite. Você irá para a casa onde moro com os filhos que eu adotei e neste momento vou dizer que você irá reencontrar seus filhos queridos, porque, naquela noite fria e triste, eu os acolhi e os levei comigo.

Clarinda parecia não crer nas palavras que ouvia e, sem poder proferir uma palavra sequer, desabou em choro convulsivo, amparada por das Dores que afagava amorosamente seu rosto.

– Chore, minha filha, chore em atitude de agradecimento a Deus! Chore de alegria porque hoje é um dia muito feliz porque finalmente você conquistou a bênção da libertação e do reencontro com seus filhos! Chore, chore porque suas lágrimas são lágrimas de recompensa pela bondade do Pai Misericordioso. Chore à vontade porque suas lágrimas haverão de lavar as dores e sofrimento do passado, porque daqui para a frente você será novamente uma pessoa feliz na companhia de seus filhos! Vamos – concluiu das Dores –, não percamos mais tempo, venha conhecer seu novo lar e reencontrar seus filhos queridos – completou a anciã, enquanto deixavam o escritório com destino à casa de das Dores.

Todos os presentes se encontravam estupefatos diante daquele quadro singular. O sentimento que envolvia todos era indescritível e contagiante. Não pude deixar de registrar as lágrimas dos companheiros de nossa esfera. Enquanto Irmã Marcelina, Cristina e Sebastião confabulavam sobre aquela situação que se revelara tão formidável, o instrutor Pétrus esclareceu-me:

– *Nada ocorre por acaso, Virgílio. Desde o princípio, a espiritualidade superior direcionou os acontecimentos para que Clarinda tivesse a ação defendida por alguém que tivesse desprendimento e amor pela causa dos desfavorecidos. Esse alguém era Cristina, uma jovem advogada, altruísta e idealista. No caso das crianças, das Dores também não passou naquele local por acaso, e ela também não decepcionou em sua missão. A causa foi longa e difícil, mas quando a espiritualidade superior tem nas mãos instrumentos valiosos como o que encontramos aqui, o resultado será sempre auspicioso. Foi o que ocorreu no presente caso, pois das Dores é um espírito que já efetuou importantes conquistas no campo da humildade e do desejo de servir. Encarnou em difícil missão e podemos dizer que ela partirá desta existência trazendo consigo importantes conquistas e grandes vitórias. Cristina é também um espírito lutador, que acredita na justiça e trabalhará por ela em favor daqueles que não têm recursos para contratar advogados importantes e famosos. Ela lutará por eles visto que é uma missão que ela pediu antes de seu reencarne. Irmã Marcelina é um espírito que todos conhecemos nas lides espirituais. Batalhadora incansável em favor da criatura humana, ela traz em sua bagagem espiritual conquistas no campo da humildade, da abnegação, do perdão e da simplicidade. Reencarnou com a difícil prova das posses materiais e da posição social privilegiada, mas, como espírito de elevada envergadura, nunca se deixou seduzir pelo canto das sereias, nem se envaidecer diante dos enganos transitórios que a riqueza e a posição social facultam. Clarinda é uma criatura que reencarnou em dolorosa prova de resgate, e estava previsto que reencontraria estas criaturas maravilhosas que a auxiliaram. São laços que as unem de um passado vivido no* glamour *da realeza francesa do século 17 e 19. Todos sabemos que, quando reencarnamos, o espírito tem o livre-arbítrio e muitas vezes se distancia dos propósitos assumidos perante a espiritualidade, visto que pode fraquejar diante das aflições que a vida nos impõe. Não é o que aconteceu, neste caso, pois cada um abraçou sua causa com amor e abnegação.*

Eu me encontrava tocado por sentimentos de profunda emoção. Naquele instante acompanhamos Irmã Marcelina, Cristina e Sebastião que se dirigiam à residência de das Dores, para se despedirem.

Quando adentramos o portal do lar de das Dores, a alegria se misturava aos risos e lágrimas. Palavras são palavras, nada mais que palavras e jamais poderíamos traduzir a emoção que tomava conta daquele ambiente. Julinho e André encontravam-se abraçados à mãezinha amorosa, como que com receio de perdê-la novamente, quase a sufocavam, com seus bracinhos em volta do pescoço da feliz mãe. Cada um queria falar mais alto, disputando entre si sua atenção.

– Mamãe, a gente pensava que a senhora tinha até morrido! – dizia Julinho.

– Agora é minha vez de falar – dizia André, com sua inocência infantil. – Mamãe, ainda hoje eu disse para das Dores que a pessoa que viria morar conosco bem que poderia ser a senhora, não foi, das Dores?

Aquele era um momento de felicidade rara para o coração de Clarinda. Reconhecida por tudo que das Dores havia feito por ela e por seus filhos, declarou:

– Das Dores, você foi um anjo que Deus colocou em nosso caminho! Deus lhe pague por tudo que fez pelos meus filhos e por mim. Se você permitir, gostaria de lhe pedir que permita que eu também a chame de mãe! Você foi mais que uma mãe para meus filhinhos queridos, e também foi mais que uma mãe para mim. Ninguém jamais faria o que você fez por nós!

Todos se abraçaram comemorando e confraternizando as boas novas, enquanto Irmã Marcelina, Cristina e Sebastião se despediam. Nós também nos retiramos, pois aquele era um momento familiar de reencontro e muita alegria após tanto sofrimento. Aquelas criaturas possivelmente passariam o restante da noite em claro, pois teriam muito o que conversar.

Epílogo

Finalmente era noite de Natal. O instrutor Pétrus informou-me que estaríamos visitando a crosta para efeito de conclusão das observações do comportamento humano, naquela que representa a maior data da cristandade.

Quando aportamos na região central de São Paulo, eram exatamente dezesseis horas e o astro rei já se declinava em direção ao poente, embora o calor ainda fosse intenso. Ainda havia pessoas no corre-corre desesperado das compras de última hora, e o trânsito ainda registrava lentidão nas principais vias da cidade.

Pude então registrar vibrações mais harmônicas que as verificadas anteriormente. Observamos criaturas abnegadas distribuindo refeições em recipientes de alumínio, próprio para acondicionar comida aos mendigos que se acomodavam embaixo de pontes e viadutos.

O instrutor sinalizou-me, pois iríamos acompanhar um senhor que todos os anos se dedica à distribuição de presentes às crianças pobres e que, naquele momento, passava por nós com um pequeno caminhão abarrotado de brinquedos, em direção ao seu objetivo. Foi o que fizemos. Seu destino era uma favela localizada em região de muita miséria e pobreza na região leste. Quando lá chegou, rapidamente se aglomerou uma infinidade de crianças e mães à espera do tão sonhado presente de Papai Noel.

Auxiliado por companheiros, organizaram uma fila e o próprio benfeitor vestiu-se na figura do bom velhinho, distribuindo presentes, simples é verdade, mas que causava enorme contentamento nas crianças que recebiam, qual se fora algo de valor inestimável. Era comovente observar o brilho nos olhos e o sorriso daquelas crianças ao pegarem o invólucro contendo o presente e a pressa com que abriam o pacote para apanhar o brinquedo e, em seguida, poder brincar. Eram carrinhos de plástico, bonecas de pano ou plástico que faziam a felicidade da garotada.

Depois de mais de duas horas, todas as crianças haviam recebido seu presente e o caminhão se encontrava vazio. Nós, que acompanhamos o trabalho, observamos que, muito além do brinquedo, aquele homem sentia íntima satisfação ao entregar o presente, afagar a cabeça da criança, ter uma palavra de carinho. Observei que era muito difícil dizer se a alegria era maior da criança presenteada, ou a satisfação íntima dos trabalhadores que se doavam naquele trabalho.

A vibração que irradiavam era de amor e doação, carinho e desprendimento envolvendo o pequeno grupo em suave halo luminoso.

Conversamos com o irmão de nossa esfera que acompanha aquele grupo. Ao observar nossa presença, identificou-se com alegria e humildade:

– Boa tarde, irmãos, obrigado pela sua presença entre nós. Meu nome é Abdiel e acompanho nossos irmãos nesta tarefa desde o princípio, inspirando-os e estimulando-os para que esta ação simples e singela possa se ampliar cada vez mais. Temos consciência que o problema é muito maior que a simples distribuição de brinquedos no final de ano, mas as grandes obras começam assim. Sabemos também que isto não é nada diante das necessidades de nossos irmãos, mas é doloroso verificar na mente infantil, que ainda não entende os problemas da vida, o questionamento: por que os filhos dos mais abastados recebem presentes valiosos do Papai Noel e eles não recebem nada? Como disse, é algo simples e singelo, mas pelo menos os que recebem sentem alegria por verem que não foram esquecidos.

A humildade de Abdiel era comovente. Abraçamo-lo com carinho e respeito, enquanto o instrutor arrematava:

– A tarefa de vocês é dignificante e de grande valor, Irmão Abdiel. Toda vez que estendemos as mãos em nome do Cristo para atender um necessitado, não podemos avaliar nosso gesto pelo valor material do bem material doado, mas sim pelo sentimento e pela ação de doar com amor. Jesus nos disse que aquele que ofertasse um copo de água em seu nome, jamais perderia seu galardão. Acompanhamos a realização de vocês e posso dizer-lhes: Jesus estava em vossos corações na alegria de cada criança e na alegria de cada um dos que colaboraram para este evento. Continue assim, meu querido irmão, porque aos olhos de Deu nada fica despercebido, principalmente os gestos de amor e caridade! Que a paz de Jesus esteja em vossos corações!

Despedimo-nos de Abdiel e de seu grupo, retornando às ruas centrais de São Paulo. O sol já havia se deitado no horizonte e o escuro manto da noite cobria o espaço, enquanto as primeiras estrelas já cintilavam no firmamento. Era noite de Natal.

Enquanto carros ainda passavam céleres, possivelmente daqueles retardatários que efetuavam as últimas compras. Nos becos, nos viadutos, nas pontes e nas ruelas abandonadas, nossos irmãos moradores de rua se preparavam para dormir. Alguns haviam sido contemplados com jantar distribuídos por grupos de samaritanos, outros não tiveram essa felicidade. Apesar do calor, alguns irmãos visivelmente embriagados se enrolavam em cobertores rotos. Não pude deixar de registrar o diálogo de uma família ao relento. Era composta pelo pai, a mãe, um menino com idade aproximada de cinco anos e uma menina com idade de mais ou menos sete anos. O pai exibia fisionomia abatida, cabelo em desalinho e barba por fazer. A mãe, com um lenço na cabeça, demonstrava em sua fisionomia tristeza e desalento. O menino demonstrava vivacidade ao questionar o pai:

– Papai, por que tanta festa e presentes se Jesus era tão pobrezinho? Ele não nasceu pobre como nós? Eu tenho visto crianças com pacotes de presentes; por que nós não ganhamos nada?

A penumbra da noite não era suficiente para ocultar a tristeza daquele pai. Mas sua resposta nos surpreendeu.

– É difícil te dizer alguma coisa, meu filho, porque Jesus veio nos ensinar a paciência. Temos de ter paciência porque somos pobres, mas dizem que Jesus ama muito os pobrezinhos, principalmente as crianças. Dizem que ele reserva um grande presente, no céu, para as crianças que são boazinhas.

A menina rapidamente se manifestou.

– Papai, eu também sou boazinha, não sou? Mas estou com fome. Não ganhamos brinquedo nem comida.

A mãe interveio.

– Filhinha, ainda é muito cedo. Quem sabe ainda não passará por aqui algum anjo da caridade? Mas ainda temos um pedaço de pão que sobrou do almoço, mas não vamos perder a esperança.

A menina sorriu esperançosa diante da ponderação da mãe e concluiu:

– A senhora tem razão, mamãe, não vamos perder a esperança porque até meia-noite poderá ainda passar por aqui algum anjo da caridade e nos trazer comida e, quem sabe, algum presente para nós.

Diante daquele quadro, o instrutor comentou:

– *A realidade da vida é muito dura, Virgílio. Seria demais ainda pedir aos nossos irmãos encarnados atitudes mais decididas em favor dos menos favorecidos? Pudemos identificar que existe um punhado de pessoas de boa vontade que se preocupa com os deserdados do caminho – os infelizes que não têm para onde ir – e não mede esforços de fazer algo para minorar o sofrimento dessas pessoas, mas a extensão da miséria, como pudemos observar, é muito grande. Se nossos irmãos encarnados, independentemente do credo religioso, pudessem despertar suas consciências, não haveria tanta miséria em nosso planeta. Não existe falta de recursos visto que existe abundância e sobra em muitas mesas. O que existe, mesmo, é egoísmo em nossos corações.*

Afastamo-nos com destino a uma das regiões mais ricas e nobres da capital paulistana. Eram quase vinte e uma horas quando adentramos em imponente mansão que exibia show de luzes e música. Pessoas à beira da piscina aproveitavam o conforto do mergulho em água refrescante, amenizando o calor da noite. A festa estava animada nos jardins com empregados oferecendo bebidas finas e importadas, enquanto as pessoas riam e falavam alto usufruindo o prazer que a abastança pode proporcionar. Era um grupo numeroso de mais de vinte e cinco pessoas entre jovens adultos e pessoas idosas.

Na espaçosa cozinha, os empregados se esmeravam no tempero da carne. Era tudo de muito bom gosto; podia-se perceber que, nos fornos, leitões e leitoas, cabritos e cordeiros, carne de vitela, faisão e perus estavam sendo assados, além dos acompanhamentos de praxe para um jantar daquele nível.

A mesa estava sendo preparada com requinte e elegância enquanto lá fora, saboreando os petiscos e bebidas, os convivas se esbaldavam no prazer da festa. O instrutor pediu-me para acompanhar os pensamentos dos presentes e foi o que fiz. Em cada roda de conversa, entre um gole de uísque, vodca ou vinho importado, as conversas não variavam muito:

– Esta semana foi simplesmente fantástica – comentava um dos presentes. – Fechei um grande negócio, que esperava há meses, com um lucro que veio engordar minha conta em alguns milhões de dólares – dizia orgulhoso.

– Ah! – dizia outro. – Isso não é nada. Investi na bolsa em determinada companhia e, em apenas um mês, tive um resultado auspicioso com ganho de mais de quarenta por cento líquido de minha aplicação. E olhe que não foi pouco dinheiro. Quarenta por cento de rentabilidade? – enfatizou – Isso não é sorte, é visão de negócio! – arrematou pomposo.

– Pelo que vejo, os ventos sopraram favoráveis para todos nós – observou um terceiro. – Apenas nesta semana arrematei em leilão produtos apreendidos pela receita, que valem alguns milhões de dólares, a preço de banana. Lógico que alguém levou sua parte, mas posso afiançar-lhes que meu lucro não foi pequeno, ou melhor, foi extraordinário – concluiu com soberba.

Todos riam felizes visivelmente sob efeito etílico. Entretanto, parecia-me que aquelas pessoas estavam acostumadas a altas doses e não estavam embriagadas.

Nas rodas das mulheres, a conversa mudava apenas de tom, mas o conteúdo não era diferente. Uma se vangloriava de ter efetuado compras de importante grife em Nova York enquanto outra relatava suas façanhas em Paris, e outra ainda se gabava do novo e belíssimo iate comprado pelo marido.

Eram aproximadamente vinte e três horas quando o *chef* da cozinha anunciou que a mesa estava posta. O cheiro era estimulante e o aroma de carnes assadas, convidativo. Naquele momento observamos que a etiqueta e o requinte foram esquecidos, pois as pessoas pareciam apressadas para se sentarem à mesa e saborearem os fartos alimentos que estavam sobre a mesa. A dona da casa ainda se lembrou de algo:

– Pessoal, um momento, por favor. Hoje é Natal, poderíamos fazer uma prece de agradecimento.

A resposta veio imediata pelo próprio dono da casa:

– Ah! Não venha com conversa agora que estamos todos com fome. Pessoal – ordenou aos empregados –, podem servir o jantar que estamos todos morrendo de fome!

Enquanto fazia minhas anotações, o instrutor aproveitou para fazer suas observações:

– *Infelizmente, Virgílio, muitas pessoas se esquecem que o espírito do Natal é bem diferente. Sabemos que essa data não foi efetivamente a do nascimento do Divino Mestre, mas uma data simbólica para comemorar a vinda do Salvador entre nós. Lamentavelmente, com o passar dos anos, essa data se tornou para muitos simplesmente um evento quando se tem de comprar presentes para os amigos e familiares, e comer e beber de forma desmedida. Nem sequer o nome do Divino Mestre é lembrado em tudo isso. Confesso que deve ser com tristeza que Jesus observa isso tudo: primeiramente a mortandade de animais, depois a bebida e a comilança desenfreada, a preocupação dos poderosos em ganhar cada vez mais, alimentando um sentimento de egoísmo exacerbado, sem se ater que Natal é recordar que o Divino Amigo veio até nós com simplicidade, que se doou em favor da humanidade e dos menos favorecidos, que pregou o amor, o perdão a concórdia e a fraternidade entre os homens. Enquanto nossos irmãos desfavorecidos dormem ao relento sobre a dureza das calçadas, alguns nem sequer podem comer um pedaço de pão, outros se banqueteiam na opulência e no egoísmo desmedido da aquisição dos bens transitórios que a traça corrói e a ferrugem consome. Enquanto isso, temos exemplos dignificantes daqueles que procuram auxiliar de alguma forma, e outros nem sequer têm consciência do que ocorre na próxima esquina. Mas já observamos o que devíamos e já efetuamos nossas observações, Virgílio. Vamos agora visitar outro lar.*

Era quase meia-noite quando chegamos a um belíssimo apartamento também em região privilegiada da capital. Ao identificar a presença de Glaucus, percebi que estávamos no lar de Irmã Marcelina.

– *Sejam bem-vindos, amigos!* – Saudou-nos com um sorriso o querido amigo. – *Também acabo de chegar, pois até agora participava dos samaritanos do amor com Irmã Marcelina na distribuição de alimento pelas ruas*.

O ambiente também era requintado, mas as vibrações eram completamente diferentes. Presentes várias pessoas entre os quais pude conhecer o esposo de Irmã Marcelina, o doutor Figueira, o avô de Cristina, o doutor Honorato, Cristina, Sebastião e Maria do Rosário, mais um punhado de crianças que se divertiam brincando de esconde-esconde no enorme apartamento. O doutor Figueira parecia contrariado olhando a todo instante no relógio.

– Não se preocupe com Marcelina, meu filho, porque você conhece sua esposa. Todo Natal é assim, daqui a pouco ela chega – dizia doutor Honorato.

Quase que em seguida, a porta se abriu e entrou Irmã Marcelina. Aquele halo radioso que eu já conhecia envolvia seu semblante e seu coronário.

– Me perdoem, amigos, por fazê-los esperar – desculpou-se enquanto beijava seu esposo. – Demorei um pouco mais porque estava já vindo embora quando passamos por uma rua deserta e verifiquei que havia uma família com uma menina e um menino acordados, como que esperando algo. Então resolvi parar e oferecer-lhes as refeições que ainda tínhamos. Ah! Meus amigos, vocês precisariam estar comigo naquele momento para ver o sorriso de alegria daquelas criaturas. A menina de mais ou menos sete anos deu um grito quando, juntamente com a comida, eu entreguei a ela uma boneca e um aviãozinho de plástico para o menino. É nessas horas que nos sentimos tão pequenos diante da bondade de Deus porque temos tudo que necessitamos, enquanto existem tantas criaturas que nada têm. As palavras daquela menina me emocionaram quando ela disse para sua mãe: "Mamãe, a senhora tinha razão quando disse que até a meia-noite um anjo da caridade viria nos visitar e trazer comida e presente!" Ah, meus amigos, até chorei quando aquela menina quis beijar minha mão, dizendo: "A senhora é o anjo enviado por Jesus!".

Irmã Marcelina chorava emocionada e o severo doutor Figueira abraçou-a forte, dizendo:

– Marcelina, reconheço que ainda estou muito distante do desprendimento que você tem, mas vou te dizer uma coisa do fundo de meu coração: eu a amo muito e, embora não compreenda ainda a grandeza do seu trabalho, devo confessar que a admiro por tudo isto que faz e talvez por esta razão a ame cada vez mais. Você é uma mulher valorosa, uma jóia preciosa que Deus colocou em minha vida! – Concluiu beijando amorosamente a esposa.

– Obrigada querido, jamais conseguiria realizar nada sem seu apoio e compreensão. Mas agora vou tomar um rápido banho porque a ceia está pronta. Então nos preparemos para uma prece de agradecimento a Jesus e depois vamos comer porque acho que todos estão com fome, não é verdade?

Todos concordaram. Senti-me feliz ao saber que a família que Irmã Marcelina atendera era a mesma que eu e o instrutor víramos horas antes. O instrutor sorriu ao me confidenciar:

– Nada é por acaso, Virgílio. Sabia que Irmã Marcelina estava em sua costumeira tarefa nas ruas e mentalmente pedi a Glaucus que inspirasse o roteiro dos samaritanos, de maneira que eles passassem pelo local e puderam atender mais aquela família necessitada. Foi o que aconteceu, com a graça de Deus.

Aquele era um ambiente sagrado no qual o espírito do Natal se fazia vibrante no coração dos presentes. Despedimo-nos de Glaucus, pois o instrutor me dizia que em seguida estaríamos visitando o lar de das Dores.

Quando lá chegamos era já quase meia-noite. Desnecessário é dizer que lá reinava a mais intensa alegria. André e Julinho ganharam brinquedos da cooperativa, mas parecia que pouco se importavam, pois o que eles queriam mesmo era o carinho da mãe.

Era muito emocionante verificar que Clarinda não se cansava de externar seu carinho e reconhecimento por aquela que tanto havia contribuído para sua libertação e pelo cuidado com seus filhos. A mesa já estava posta, era singela mas havia fartura e amor. Clarinda era uma excelente cozinheira e a comida recendia o aroma que tomava conta do ambiente.

Os meninos não cabiam em si de contentamento e revezavam na demonstração de carinho entre a genitora e das Dores. Julinho questionava:

– Mamãe, a senhora é nossa mãe, mas nós também gostamos de das Dores e a chamamos de mamãe das Dores. A senhora não vai fica chateada, fica?

A fisionomia de Clarinda era outra, mas não por causa da cegueira do olho que destoava do seu rosto. Parecia mais jovem, e poderia se dizer que ela ainda era uma mulher muito bela. Aquela semana na paz e no aconchego de um lar, ao lado dos filhos e das Dores, havia operado um milagre na figura de Clarinda, pois, apesar de tudo, ela era linda! Ao ouvir o questionamento do filho, sorriu bondosa:

– Sim, meu filho, mamãe das Dores é nossa mãe querida! Podem chamá-la de mamãe porque eu também a chamo de mamãe, não é verdade, mamãe das Dores?

Das Dores sorria com satisfação.

– Sim, meus filhos! É a mais pura verdade porque jamais poderia imaginar que, em minha existência de tantos sofrimentos, teria um final tão feliz como o que estou vivendo nos últimos tempos. Até pouco tempo, morava sozinha em um barraco, numa favela. Apanhava papelão pelas ruas e não tinha ninguém na vida! Agora tenho um lar, um emprego e uma família maravilhosa! Deus foi muito bom comigo! Obrigada, Senhor! – concluiu com palavras sinceras de agradecimento, que vibravam em uma prece sentida.

O instrutor ponderou:

– *Uma prece sincera não precisa ser longa nem rebuscada com palavras difíceis. Basta apenas um agradecimento sincero como o que observamos neste momento, proferido por nossa irmã das Dores. É a verdadeira prece, aquela que sai do coração na sincera sintonia do agradecimento a Deus.*

As crianças estavam com fome. Das Dores então convidou:

– Clarinda, minha filha, vamos nos sentar à mesa, fazer uma prece de agradecimento a Jesus, porque estamos comemorando sua vinda à Terra. Depois vamos jantar e repousar.

As crianças aplaudiram a idéia, mesmo porque a mesa estava posta e a expectativa era grande.

– Eba! Oba! – exclamaram em uníssono – Agora vamos comer!

– Antes vamos orar, não ouviram o que mamãe das Dores nos falou, meus filhos? Precisamos lembrar do menino Jesus que nasceu entre nós para nos salvar. Não é mesmo, mamãe das Dores?

Das Dores aquiesceu com um sorriso. Sentaram-se à mesa e das Dores pediu:

– Minha filha, gostaria de fazer uma oração?

– Mamãe das Dores, eu não sei orar direito – ponderou Clarinda, meio sem jeito.

– Fale o que vai em seu coração. Faça um agradecimento a Deus por todas as bênçãos recebidas.

Naquele momento, o instrutor envolveu Clarinda em vibrações amorosas de paz e amor. Ela sentiu-se tocada em suas fibras mais sensíveis, estava com os olhos molhados de lágrimas, iniciando singela oração, mas com uma desenvoltura surpreendente:

– Jesus, Mestre querido, gostaria de no fundo do meu coração agradecer por todas as bênçãos recebidas. Nesta noite em que a humanidade relembra seu nascimento, queremos recordar, Mestre, o seu grande exemplo de humildade, de amor e perdão. Ensina-nos a amar, a perdoar e termos humildade em nossos corações. Que seus ensinamentos jamais sejam esquecidos e que, a cada dia, possamos exemplificar seu amor na caridade e no perdão. Que neste seu dia, os homens possam descobrir o verdadeiro sentido do amor, estendendo as mãos aos mais fracos, auxiliando os desvalidos e amparando os infelizes. Quero te agradecer nesta noite, até pelo sofrimento que passei, Senhor, porque seu exemplo na cruz jamais pode ser esquecido. Quero agradecer por este lar de amor que encontrei, pelos meus filhinhos muito amados e, acima de tudo, Senhor, quero agradecer por Irmã Marcelina e por mamãe das Dores que foram verdadeiros anjos de amor e misericórdia, exemplificando, na prática, seus ensinamentos de amor e caridade! Assim seja!

Assim que concluiu sua prece, das Dores a abraçou longamente.

– Que Deus te abençoe, minha filha. Que Deus abençoe estes filhos queridos e tão amados! Sou agradecida a Deus por tanta graça, por tanta alegria.

– Agora podemos comer? – perguntou André, com sua inocência.

Clarinda e das Dores sorriram.

– Sim, meus filhos, podemos comer – concordou das Dores. – Já não era sem tempo porque também estou faminta.

E na harmonia daquele lar abençoado por Deus, reinavam a paz e a justa alegria daqueles que edificaram em seus corações o reino de Deus. Enquanto a família ficava reunida na paz da oração, deixamos o ambiente de retorno à Colônia Irmão Nóbrega.

Elevamo-nos no espaço e naquele momento era visível que da aura terrestre partiam radiações vibratórias que se expandiam pelo espaço em forma de luz, na sintonia com as esferas mais elevadas e em comunhão com as colônias que gravitam em torno do orbe terrestre.

O instrutor esclareceu-me:

– *Certamente o homem ainda não alcançou a extensão do significado desta data tão importante. Apesar do simbolismo da data – uma vez que não foi o dia em que Jesus nasceu –, o Natal significa amar, como o Cristo nos ensinou. Significa ação, compreensão, caridade, fraternidade, humildade e, acima de tudo, paz entre os homens. Dia haverá em que a criatura humana estará desperta em suas potencialidades espirituais e a centelha divina iluminada. Neste dia, então, certamente os fracos serão amparados, os deserdados não serão esquecidos, os maltrapilhos não serão relegados ao desalento, os miseráveis, acolhidos e as crianças, educadas e amadas. Na verdade, para aqueles que já compreendem a mensagem do Cristo, praticam o amor e a caridade todos os dias de forma que revivem a cada dia o Natal quando, pelo amor de Jesus, estendem as mãos e levantam os caídos, socorrem os feridos, alimentam os famintos, vestem os desnudos, visitam os adoentados e encarcerados, perdoam os desafetos por uma simples razão: para aqueles que já procuram seguir os passos do Divino Amigo, todo dia é Natal!*

As palavras do instrutor eram sábias, calando profundamente em minha alma. Aquietei-me, em silêncio respeitoso, uma vez que já nos aproximávamos da colônia que, naquele momento, resplandecia na luz eterna do amor do Cristo!

Quase dez dias se passaram. Já estávamos no início de mais um ano, mais um ciclo que começava. O instrutor avisou-me que naquela noite seria o desencarne de das Dores.

Quando aportamos o modesto lar de das Dores, passava da meia-noite. Clarinda e as crianças dormiam placidamente, enquanto a senhora não conseguia conciliar no sono. Uma equipe espiritual estava a postos, sob a orientação de Glaucus. Tão logo chegamos, o querido amigo posicionou o instrutor:

– Como já estava previsto, identificamos a formação de um coágulo no cérebro de nossa irmã. Ela já vinha sentindo dor de cabeça desde a tarde, mas não quis alarmar ninguém. Tomou algumas aspirinas, mas a dor amenizava por algum tempo para retornar em seguida, cada vez mais forte. Fizemos algumas aplicações para que o coágulo não irrompa em um AVC antes que ela adormeça porque assim será mais tranqüilo seu desligamento. Há poucos instantes aplicamos mais um passe harmonizador para que ela possa adormecer e, em seguida, venha eclodir o AVC e possamos processar seu desligamento.

Procurei observar mais detidamente a senhora. De fato, a dor parecia ter se abrandado e, vencida pelo cansaço do dia de trabalho, das Dores adormeceu profundamente. Naquele instante, a equipe encarregada do desligamento aplicou um passe para dispersão dos fluidos, fazendo com que o sono se tornasse ainda mais profundo. Ampliando minha visão para a região cerebral na qual ocorria o problema, pude observar que havia energia em forma luminosa que mantinha a artéria em precário funcionamento, mas tão logo as energias se dissiparam com o passe, aquele canal de irrigação formou uma embolia muito forte. Adormecida, das Dores estremeceu diante do violento AVC ocorrido. Seu coração bateu descompassado na luta titânica para manter a vida a qualquer custo, mas o esforço fora demasiado e ela também não resistiu. A respiração cessou e como uma vela que se apaga, uma luz que se extingue, das Dores despediu-se da vida material. A equipe encarregada do desligamento agiu rápido, e em poucos minutos, finalmente a generosa anciã repousava serenamente já desalojada do corpo físico, ligada ainda pelo centro coronário. O instrutor esclareceu-me:

– Há casos mais simples de desencarne. Cada caso sempre depende das pessoas e de sua condição evolutiva. Das Dores foi nesta existência uma criatura que soube viver com dignidade, apesar das dificuldades e das tribulações que viveu. Soube amar, perdoar, dividir, amparar, mas também conquistou a humildade. Não importa a religião professada, importa como vivemos. Jesus nos disse que não era quem batia no peito e clamava "Senhor! Senhor!" que entraria no reino dos céus, mas aqueles que fizessem a vontade do Pai Eterno. Nesse momento, mesmo adormecida, das Dores revive sua vida, recorda os momentos que foram mais felizes, os que mais marcaram e diante do tribunal de sua consciência, ela saberá se sua existência foi proveitosa ou não. Após seu desenlace, permanecerá adormecida por algumas horas, ocasião em que será levada até nossa colônia. Das Dores, por mérito, terá toda assistência necessária, devendo despertar de forma serena, cercada de carinho e amor por todos que a conhecem.

Sorri satisfeito ao saber que seria levada à nossa colônia. Eu também me tornara um admirador da querida senhora e teria muita alegria em estar também ao seu lado.

A um sinal do instrutor, procurei penetrar na mente de das Dores, naquele momento tão solene: o de sua despedida da vida material. Ao sintonizar as ondas de seus pensamentos, verifiquei que, em espírito, das Dores chorava de emoção recordando o dia em que recolhera André e Julinho das ruas. Recordava as dificuldades que passara para sustentá-los e em suas lembranças surgia forte a figura de Irmã Marcelina como benfeitora. Em sua memória, como num filme acelerado, passavam cenas de sua infância, e quando alguma cena lhe era mais cara, era passada como que em câmara lenta. Em espírito, das Dores sorria, chorava e também agradecia a Deus, apesar de inconsciente. Após alguns minutos, das Dores serenou e definitivamente adormeceu como um pássaro no ninho. A equipe então rompeu o último elo que a retinha ao corpo físico que lhe servira de moradia e instrumento na existência que ora se findava.

Então Glaucus envolveu-a nos braços e, enquanto a equipe encarregada do desligamento aplicava passes de dispersão dos últimos resíduos de energia que ainda haviam no corpo físico, acompanhamos a caravana que levava das Dores adormecida em demanda à Colônia Irmão Nóbrega.

Quando estávamos próximos à colônia, como se fora um precioso tesouro, Glaucus trazia, em seu braço das Dores, e proferia sentida prece de agradecimento:

– *Pai nosso que estais nos Céus, Senhor dos séculos infinitos, bondade suprema e absoluta, hoje trazemos de retorno ao seu reino de amor esta criatura muito amada por todos nós. Abençoai-a, Senhor, nesta nova vida que se inicia, para que ela no aprendizado do amor e da humildade possa engrandecer Seu nome! Hoje é dia de alegria em seu reino, hoje é dia de festa porque das Dores retorna ao seu seio enriquecida de virtudes que a traça não corrói e nenhuma ferrugem consome! Abençoa esta sua filha redimida no cadinho das tribulações da dor e da renúncia em Seu nome. Obrigado, Senhor!*

Uma luz intensa desceu das esferas mais elevadas banhando nosso grupo, em direção de das Dores!

A emoção era muito intensa e as lágrimas desciam pelo meu rosto. Olhei para o alto observando a luz do Cruzeiro do Sul que brilhava no céu, e além, muito além, astros refulgentes rodopiavam na harmonia do Criador e milhares de galáxias e nebulosas cintilavam na extensão do infinito cósmico, onde habita o altíssimo que, em sua luz, nos acenava em sua infinita bondade.

Amanhã seria um novo dia para das Dores. O amanhã a Deus pertence, mas a cada um de nós cabe a atitude decisiva para mudar nosso amanhã, porém Deus estaria sempre em cada dos seres humanos, habitando na centelha divina que existe em cada um.

Nova tarefa me esperava naquele ano que se iniciava e, agradecido, proferi ao Senhor dos Tempos uma silenciosa prece de agradecimento.

Fim

Ao terminar a leitura deste livro, talvez você tenha ficado com algumas dúvidas e perguntas a fazer, o que é um bom sinal. Sinal de que está em busca de explicações para a vida. Todas as respostas que você precisa estão nas Obras Básicas de Allan Kardec.

Se você gostou deste livro, o que acha de fazer com que outras pessoas venham a conhecê-lo também? Poderia comentá-lo com aquelas do seu relacionamento, dar de presente a alguém que talvez esteja precisando ou até mesmo emprestar àquele que não tem condições de comprá-lo. O importante é a divulgação da boa leitura, principalmente a da literatura espírita. Entre nessa corrente!

Conheça um trecho do belíssimo romance *Só o amor liberta*

Narrado pelo Espírito
Paulo Hertz
Psicografado pela médium
Célia Xavier de Camargo

Na juventude, Paulo é vítima de abusos sexuais. Insinuante, um padre convida-o para ser coroinha. Seduzido pela oportunidade de destacar-se, Paulo aceita o convite. Nem ele nem seus pais – assíduos freqüentadores da igreja – imaginavam as perversas intenções do sacerdote...

Nasci em uma família de tradição católica apostólica romana e meus pais sempre foram bastante religiosos. Desde pequeno fui encaminhado à igreja e obrigado a todas as atividades compatíveis com minha faixa etária. Assim, quando chegou a época de fazer a primeira comunhão, minha mãe pegou-me pela mão e, cheia de orgulho, levou-me para a catequese.

Eu gostava dos amigos, das meninas e, para mim, aquela reunião – mais um divertimento do que outra coisa – dava a oportunidade de nos encontrarmos após as aulas, o que era sempre gratificante.

(...)

Quando o padre vinha nos visitar – e o fazia com freqüência – convidado para almoços e jantares, chás e festas de aniversário, era com orgulho que meus pais exibiam as obras na estante de jacarandá.

Sempre curioso e, como gostava de ler, vez por outra pegava um desses livros e mergulhava na leitura. O que eu mais apreciava era uma obra que contava a história de Jesus, suas curas, seus feitos. No entanto, nas aulas de catequese, tudo o que nos era passado referia-se à igreja. Perguntas e respostas entediantes que éramos obrigados a decorar e, o mais importante: jamais fazer questionamentos que a catequista não estava em condições de responder.

(...)

Lembro-me com saudade daquela época, das amizades puras, da alegria, da escola. Freqüentava havia tanto tempo a igreja que parecia que eu não sabia viver longe daqueles ambientes. Contando com o ardoroso entusiasmo de minha mãe, desejei ser coroinha. O padre incentivou-me, e era uma honra apresentar-me na missa, todo paramentado, diante da igreja lotada de fiéis. Era a glória!

(...)

E, na verdade, eu fui um menino muito travesso. Certa ocasião, aconteceu um fato que marcou o início do meu desligamento da igreja. Estava com dois amigos na sala da catequese. Por alguma razão, a professora não pudera comparecer aquele dia e, na falta de uma atividade, resolvemos fazer uma brincadeira: testar se realmente a hóstia se transformava no corpo de Cristo, como o padre afirmava.

(...)

Continuei com minhas atividades na paróquia já sem tanto entusiasmo, mesmo porque minha mãe não entenderia nem aceitaria se eu quisesse deixá-las. O ambiente, porém, começou a ficar muito ruim; eu não tinha mais o mesmo empenho de antes e o padre também se tornara diferente. Ou, talvez, na minha boa-fé, nunca tivesse notado suas atitudes estranhas. Um dia, em que eu estava sozinho colocando as vestes para a missa da manhã de domingo, vi que ele se aproximou de mim. Achegou-se, com naturalidade, e afagou-me os cabelos e o pescoço. Ele já tinha feito isso outras vezes, mas nesse dia pareceu-me diferente, com outra intenção. Fiquei tenso. Como estava na hora da atividade litúrgica, caminhei apressado para o altar.

Depois da missa, meus pais se aproximaram e ficaram conversando com o padre, que me pareceu ter voltado ao normal, mostrando-se digno, alegre e bem-humorado como sempre.

Alguns dias depois, no entanto, tudo mudou. Eu tinha ido à igreja buscar um livro da escola, que tinha esquecido por ocasião de uma aula da catequese. Já nem me lembrava mais do acontecido no domingo de manhã. Estava só, pegando o livro que deixara sobre um móvel, quando o padre chegou. Brincou comigo e me convidou para ir à sua casa, onde tinha um bolo de chocolate à minha espera, que ele sabia que eu apreciava muito. Aceitei sem reservas, uma vez que este era um procedimento normal. Chegando lá, porém, ele fechou a porta à chave, e depois me chamou para junto dele, alegando que precisávamos conversar. Queria mostrar-me um novo livro que recebera pelo correio. Quando me sentei no sofá, porém, ele me agarrou e, respiração opressa, fungando, começou a acariciar meu corpo.

O padre era um homem de seus 45 anos, grande, robusto, e tinha muita força. Eu, ao contrário, era um menino pequeno, franzino, e, naquele momento, muito assustado. Não consegui me soltar dos seus braços possantes. Murmurava palavras indecentes ao meu ouvido enquanto me acariciava todo o corpo e, apesar dos meus gritos, dos meus rogos e das minhas lágrimas, ele não me soltou.

O desespero, a humilhação, a dor que senti então, só quem passou por esse tipo de violência pode compreender.

(...)

Você gostou deste trecho?
Então não deixe de ler este belíssimo romance!

Livros de Eurípedes Kühl

Livros que informam, esclarecem, emocionam e proporcionam momentos de paz!

150 anos de Allan Kardec

Facilita o entendimento do Espiritismo. Eurípedes Kühl – médium, pesquisador, escritor e palestrante requisitado – resume e comenta *O Livro dos Espíritos*, de Allan Kardec, demonstrando a atualidade dessa Obra Básica.

Três arco-íris

Romance do Espírito Josué

Juventino acredita que está encarnado e Enedine, um espírito benfeitor, o ajuda a recuperar-se. Ao apaixonar-se por ela, ele vai reviver o passado...

Saara: palco de redenção

Romance do Espírito Claudinei

Nas areias do deserto do Saara, o encontro de almas divididas por crenças religiosas. Enfrentando-se em lutas que se prolongam muito além da vida material, sofrem o terrível calor, a sede, a falta de recursos e a ferocidade de espíritos que desconhecem o bem.

Animais, nossos irmãos

Animais têm alma? Eles reencarnam? Eles têm carma? E emoções? Essas e muitas outras questões você encontrará neste livro.

Infidelidade e perdão

Romance do Espírito Josué

Infidelidade: a vida implode em alicerces de paixões, deixando os envolvidos em escombros. Um alerta do Espiritismo para aqueles que se deixam levar pelas aparências.

Sempre há uma esperança

Romance do Espírito Roboels

Karen quer subir na vida a qualquer custo, nem que para isso tenha de pisar em outros. Um romance esclarecedor!

Leia e recomende!
À venda nas boas livrarias espíritas e não-espíritas

Sucessos da Butterfly Editora

Richard Matheson

AMOR ALÉM DA VIDA

Best-seller empolgante que deu origem ao filme e emocionou milhões de pessoas!

Formato: 16x23cm
304 páginas

Egidio Vecchio

EDUCANDO CRIANÇAS ÍNDIGO

Um manual para pais e professores educarem os índigos, essas crianças diferentes que estão nascendo por toda parte.

Formato: 14x21cm
224 páginas

Lee Carroll & Jan Tober

CRIANÇAS ÍNDIGO

Best-seller: os futuros líderes de um mundo em transição estão nascendo por toda parte!

Formato: 14x21cm
272 páginas

ÍNDIGOS

Dos mesmos autores do *best-seller Crianças índigo*, para você desvendar o espírito da nova geração!

Formato: 14x21cm
248 páginas

Carla Wills-Brandon

UM ÚLTIMO ABRAÇO ANTES DE PARTIR

No leito de morte, revelações sobre os derradeiros instantes daqueles que vão partir.

Formato: 14x21cm
272 páginas

Raymond A. Moody Jr.

A VIDA DEPOIS DA VIDA

Mais de 13 milhões de exemplares vendidos. Relatos sobre experiências de quase-morte (EQMs).

Formato: 14x21cm
184 páginas

Para conhecer outros livros da Butterfly Editora, basta acessar o site www.flyed.com.br ou solicitar um catálogo sem compromisso pela Caixa Postal 67545 - Ag. Almeida Lima - CEP 03102-970 - São Paulo - SP.

BUTTERFLY EDITORA

Em direção a um mundo melhor